Michael Herz

Schließe die Augen, damit Du sehen kannst!

Planung eines „Blindengartens" durch einen Sehenden

Universität Kassel 2003

Die vorliegende Veröffentlichung ist die Überarbeitung einer Diplomarbeit vom Wintersemester 2000/2001 im Fachbereich Stadt- und Landschaftsplanung. Prof. Jürgen Heinrich v. Reuß und Dipl. Sozialwirt Matthias Windisch betreuten diese Arbeit.

Allen, die die Veröffentlichung dieser Arbeit unterstützt haben, herzlichen Dank.

Besonders möchte ich mich bedanken bei Heinz-Jürgen Achterberg, Ulrike Dinauer, Traudel Donner, Tanja Fey, Anne Franz, Imke Hormann, Heidrun Hubenthal, Harald Noll, Peter Rohler und Jürgen v. Reuß.

Kassel, im März 2003

Herausgeber	Universität Kassel Fachbereich Architektur, Stadtplanung, Landschaftsplanung
Arbeitsberichte	Heft 152
ISBN	3-89117-132-3
Bezugsadresse	Infosystem Planung Universität Kassel Henschelstrasse 2, 34127 Kassel Tel. 0561 / 804-2016 Fax 0561 / 804-2232 e-mail: info_isp@uni-kassel.de Internet: http://www.isp.uni-kassel.de

Inhalt

5. Umsetzung   153

Fazit   159

Es ist mir wichtig, gleich am Anfang darauf hinzuweisen, dass es sich bei dieser Arbeit trotz des umfangreichen Textteiles um eine Entwurfsarbeit handelt. Der Autor wollte mit seiner Diplomarbeit noch einmal den Freiraum, den die Universität bietet, für ein Forschungs-interesse nutzen. Das hatte sich im Zusammenhang seiner Zivildiensttätigkeit mit behinderten Kindern schon vor seinem Studium entwickelt.

Exemplarisch zeigt die Arbeit, dass Entwurfstätigkeit, wenn sie nicht als Wiederholung eingeübter Routine abgewickelt wird, Forschungstätigkeit einschließt. Im Prinzip stellt uns jede Entwurfsaufgabe vor ein neues Problem, aber auf viele Aufgaben sind wir doch durch analoge Beispiele, zu denen wir Erfahrungen gesammelt haben, gut vorbereitet.

Wie aber kann man entwerferische Handlungsfähigkeit bei völlig neuen Problemstellungen entwickeln? Dazu wird mit dieser Arbeit ein planungsmethodisch wichtiger Beitrag vorgelegt. „Schließe die Augen, damit du sehen kannst". Diese Aufforderung darf nicht missverstanden werden; Am Beginn der Arbeit steht eher die Notwendigkeit die Augen zu öffnen, damit die Problematik der reduzierten sinnlichen Wahrnehmungsfähigkeit des betroffenen Klientels wirklich verstanden wird. „Die Augen zu schließen" ist hier eher zu verstehen als Aufforde-rung Vorurteile zurückzustellen, damit planerische Handlungsfähigkeit auf solidem Wissen aufgebaut werden kann. Dazu liefert der Autor in seinem Text Grundlagenmaterial, mit dem der Aspekt der Behinderung eingeordnet werden kann in das Abhängigkeitsverhältnis zwischen individueller Wahrnehmungsfähigkeit und gesellschaftlicher Praxis.

Als wesentliche eigenständige Leistung steht am Ende ein überzeugender Entwurf, ein vielschichtiger Garten, entwickelt aus den bescheidenen Potentialen, die das Grundstück und der vorhandene Baukomplex vorgeben. Das Gestaltungskonzept reagiert auf die Bauaufgabe mit einer synästhetischen Konzeption, die das Zusammenwirken der unterschiedlichen Wahrnehmungsebenen berücksichtigt und damit nicht nur einen Garten für Sehbehinderte vorschlägt, sondern darüber hinaus eine erweiterte Wahrnehmungsqualität für Alle ermög-licht. Das Programm für den Garten erweitert die Handlungsspielräume für die Seh-behinderten, weil in großer Breite das Spannungsfeld zwischen Sicherheit und Risiko offenge-halten wird, weil die Gartenräume als soziale Orte differenziert werden zwischen Treffpunk-ten der Gemeinschaft und individuellen Rückzugsräumen.

Diese Arbeit ist aus mehrfachen Gründen zu empfehlen: Zunächst als ein Modell, an dem mit großer Intensität an einem ästhetischen Konzept gearbeitet wird, das nicht am Ende der gelungenen Arbeit mit einem schönen Bild aufwarten kann. Dann als ein planungsmethodisch wichtiger Beitrag, in dem die Phantasie des Entwerfers aus forschender Grundlagenarbeit gespeist wird, schließlich auch als spezieller Beitrag zu den Problemen, die bei der Planung mit behinderten Menschen zu berücksichtigen sind.

Professor Jürgen Heinrich von Reuß

Einleitung

Motivation für diese Arbeit

Im August 1987 begann ich meinen Zivildienst im Blindenzentrum Braunschweig, das heute Haus Eichenpark heißt. Im Laufe von 20 Monaten hatte ich Gelegenheit, sowohl im Pflege- dienst als auch in „übergeordneten" Tätigkeiten wie alltägliche Organisation, Gedächtnis- training uvm. umfassenden Eindrücke vom Leben der Bewohner zu erhalten. In dieser Zeit veränderte sich mein Bild von Behinderten, da dieser verallgemeinernde Begriff keinen abstrakten Distanzraum mehr herstellte, sondern individuelle Lebensschicksale und -entwürfe beinhaltete.

Am Ende meiner Zivildienstzeit begannen die Umbauarbeiten zu einem Sinnesgarten auf dem Gelände, die, in verschiedenen Bauabschnitten, mehrere Jahre dauerten.

Ich habe den Garten im Jahr 2000 besucht. In der Zwischenzeit lagen eine Gärtnerlehre, Arbeit als Gärtner, Studium der Landschaftsplanung mit dem 1. Diplom und mehrere Jahre Bürotätigkeit an unterschiedlichen Orten hinter mir. Dabei fiel auf, dass das in den zurücklie- genden Jahren vermittelte Wissen bezüglich sinnlicher Qualitäten von Pflanzen und Baumate- rialien in der planerischen Praxis eine untergeordnete Rolle spielt. Seitens der Auftraggeber wird es, wenn überhaupt, nur im privaten Sektor eingefordert. Seitens der Planer geht dieses Wissen aufgrund mangelnder Beschäftigung mit dem Thema mehr und mehr verloren und wird durch andere Themen überlagert.

Die Entscheidung zur Bearbeitung dieses Themas ist im wesentlichen auf drei Aspekte zurück- zuführen:

1. Die Haltung von Planern gegenüber Behinderten

Anhand der Gärten, Gartenschauen und Parks, die ich vor Beginn meines Diploms besucht hatte, fiel mir die Geisteshaltung der Planer ins Auge: entweder wurden Behinderte auf wenige Bedürfnisse reduziert und eine mehr oder minder „normale" Planung betrieben, die kaum Sinneseindrücke beisteuert, oder die Planung wies übermotivierte Züge auf, die beson- ders die Aspekte des Tast- und Riechgartens betont, aber Alltagsgebrauch eines Gartens mit differenzierten Hierarchien und Geschwindigkeiten unmöglich macht. Es entstand die Frage, wie ein alltagstauglicher („Blinden")-Garten konzipiert sein müsste, der vielfältige Sinnes- wahrnehmung zulässt.

2. Das Bild von Behinderten in der Gesellschaft

Die eben beschriebene entweder ignorante oder paternalistische Herangehensweise wirft ein Bild auf die Planung als einen Spiegel der Gesellschaft. Behinderte werden nach wie vor schablonenhaft wahrgenommen, auf ihre Behinderung reduziert und unterschätzt.

Die Diplomarbeit bot mir die Möglichkeit, die eigene Einstellung zu Behinderung zu überprü- fen und eine Planungsphilosophie zu entwickeln.

3. Der Sinnesgarten

Sinneswahrnehmungen sind komplex und können sich gegenseitig überlagern. Diese Arbeit ist Anreiz, Sinnes- und Umweltwahrnehmungen zu hinterfragen. Zudem bietet sie die Möglich- keit, ein - wie oben beschrieben - vernachlässigtes Thema, die sinnlichen Qualitäten der gebauten Umwelt, zu vertiefen.

Anmerkung: zu Beginn der Arbeit besuchte ich eine Reihe von Einrichtungen und Gärten, von denen einige meinen negativen Eindruck von Planung revidiert haben: soviel zur Profession. Es gibt Licht und Schatten.

Aufgabenstellung

Der Entwurf für die zentrale Gartenfläche im städtebaulich introvertierten Areal des Blinden-zentrums Hannover-Kirchrode umfasst zwei Aufgabenteile:

Im ersten Teil, dem Reader, werden die theoretischen Grundlagen, die für den Entwurf von Bedeutung sind, vorgestellt.

Der zweite Teil beinhaltet den eigentlichen Entwurf, in dem eine Bestandsaufnahme, der Vorentwurf und der Entwurf mit vertiefenden Details erarbeitet werden. Über die zentrale Gartenfläche hinaus werden Gestaltungsvorschläge für das Areal erarbeitet, insofern sie für die Fläche von Bedeutung sind. Der Entwurfsprozess wurde von den Bewohnern und den dort arbeitenden Menschen begleitet. Auch die Darstellungstechnik des Entwurfes schloss die Beteiligung der Zielgruppe durch Herstellung eines Übersichts- und verschiedener Relief-modelle ein.

Herangehensweise an den theoretischen Teil

Kapitel 1: Menschen mit Behinderung - Zentrale Zielgruppe der Planung

Die Arbeit gliedert sich in sechs verschiedene Kapitel. Das erste Kapitel grenzt die Zielgruppe ein und untersucht individuelle und gesellschaftliche Faktoren der Behinderung.

Als Hauptadressaten gelten die Bewohner des Areals, darüber hinaus bestehen aber weitere Ansprüche an die Fläche: der Garten hat repräsentative Funktionen aufgrund des Verwaltungssitzes des Trägers, Pro SENIS gem. GmbH Niedersachsen gleichwohl zu erfüllen. In den Werkstätten arbeiten Menschen vom angrenzenden Taubblindenzentrum, die den Garten ebenfalls nutzen können. Da die Haupadressaten visuelle Beeinträchtigungen aufweisen, soll zunächst geklärt werden, welche Arten und Ausprägungen von Sehschwächen vorliegen und - jetzt kommen wir zum planungsrelevanten Motiv - wie sich diese Beeinträchtigungen auf die Wahrnehmung auswirken. Da aber visuelle Sehbeeinträchtigungen nicht isoliert betrachtet werden können, sondern Folgen für den Menschen an sich und seiner Rolle in der Gemein-schaft nach sich ziehen, müssen im folgenden diese Faktoren benannt und untersucht werden. Als erstes wären die psychischen Folgen der Sehbehinderung zu nennen. Sehschwäche wirkt sich nicht nur auf die visuelle Wahrnehmung aus, sondern kann sich je nach Erblindungs-zeitpunkt und individueller physischer und psychischer Verfassung auf die Psyche der Betrof-fenen auswirken.

Ein weiterer wichtiger Punkt der Recherche stellt der gesellschaftliche Umgang mit behinder-ten Personen dar. *„Nicht die Blindheit, sondern die Einstellung des Sehenden zum Blinden ist die schwerste Belastung."* (Helen Keller). Der Satz der ersten Taubblinden im Zentrum der Öffentlichkeit lenkt über auf ein in den letzten Jahren immer mehr in den Blickpunkt öffentli-chen Interesses geratenenen Faktor. Wie geht die Gesellschaft mit behinderten Menschen um? Werden Menschen aufgrund bestimmter körperlicher und/oder geistiger Funktions-einschränkungen noch immer diskreditiert oder sind sie ein selbstverständlicher Teil unserer Gesellschaft?

Welche konkreten Auswirkungen hat die gesellschaftliche Sicht von Behinderten auf das Leben dieser Menschen?

Ausgehend von den gewonnenen Erkenntnissen, entwickelt der nächste Abschnitt allgemeine Richtlinien, die Fördermaßnahmen der Zielgruppe betreffend. Allgemein heißt in diesem Fall eine Formulierung der Entwicklungsmöglichkeiten von beeinträchtigten Personen, und nicht konkrete planerische Vorgaben.

Der letzte Abschnitt des ersten Kapitels fasst die Erkenntnisse zu Schlußfolgerungen zusammen, die im Besonderen die gesellschaftliche Rolle der Zielgruppe sowie die Situation des Pflegesektors berücksichtigen, um zu verhindern, dass die Planung für die Realität im Pflegesektor „blind" ist.

Kapitel 2: Sinneswahrnehmung und Sinnesbewusstsein

Das zweite Kapitel beschäftigt sich mit der Frage, wie wir eigentlich wahrnehmen.

Wird die äußere Welt im Maßstab 1:1 in uns abgebildet? Aber warum streiten wir uns dann ständig, was z.B. hoch, schön, hellgelb oder bedrückend ist? Sind das physiologische Wahrnehmungsunterschiede oder werden Sinneswahrnehmungen untereinander verknüpft?

Findet gar eine kognitive Verknüpfung in uns statt, die Dinge quasi fast im gleichen Moment der Wahrnehmung bewertet? Und warum entzieht sich dieser (unterstellte) Vorgang unserem Bewußtsein? Um diese Frage klären zu können, müssen zunächst körperliche Sinneswahrnehmungen betrachtet werden. Anhand der Funktion der Sinnesorgane wird die visuelle, akustische, olfaktorische und haptische Sinneswahrnehmung untersucht. Der äußere Reiz ist nun im Körper angekommen.

Als nächstes wird der Weg zum Gehirn nachvollzogen, um zu klären, ob dort vom Körper eine Vorauswahl getroffen wird. Wenn der Reiz das Gehirn erreicht, muss Klarheit über die kognitiven Leistungen - als da wären Verknüpfung und Bewertung - erreicht werden.

Der folgende Abschnitt widmet sich der Verknüpfung der einzelnen Sinnesreize mit den kognitiven Fähigkeiten des Menschen, also dem, was Wahrnehmung eigentlich ist.

Dabei entsteht die Frage nach der Komplexität des Menschen und die vielschichtigen Einflüsse auf die Sinneswahrnehmung des Individuums. Wir wissen dann, wie die Sinneswahrnehmung beim Einzelnen funktioniert. Die Sinneswahrnehmung ist seit dem 16. Jahrhundert Gegenstand der Forschung gewesen. Anhand eines kurzen Überblicks auf die Geschichte der Sinnesforschung wird die Entwicklung des Menschenbildes in Bezug auf die Sinneswahrnehmung beschrieben.

Kapitel 3: Umweltwahrnehmung

Es ist deutlich geworden, dass der Mensch nicht nur individuellen Sinneseindrücken unterworfen ist, sondern in Wechselwirkung mit seiner Umwelt wahrnimmt. Im dritten Kapitel wird deshalb die Umweltwahrnehmung untersucht, also die individuelle Ebene durch eine kommunikative Ebene ergänzt.

Zunächst wird die Raumwahrnehmung des Menschen untersucht. Da Umweltwahrnehmung laut Franz-Xaver Baier aber die Erkenntnisebene mit einschließt, werden anhand der räumlichen Begriffe Himmelsrichtung, Horizont und Perspektive Wahrnehmungsprinzipien und Auswirkungen auf die Selbsterkenntnis des Menschen beleuchtet.

Entgegen früherer Vorstellungen ist heute bewiesen, dass räumliche Wahrnehmung und Vorstellung nicht nur visuell, sondern auch akustisch und taktil möglich ist.

Ich gehe im folgenden darauf ein.

Die Umweltwahrnehmung bezieht neben räumlicher Wahr-nehmung auch die typologische (die mit der räumlichen in Zusammenhang steht) und die zeitliche Ebene mit ein, und untersucht Gemeinsamkeiten und Unterschiede in der Wahrnehmung von sehenden und blinden Menschen.

Der folgende Abschnitt trägt dem Individuum als soziales Wesen Rechnung. Wir nehmen nicht nur wahr, wir verknüpfen unsere Wahrnehmung auch mit Emotionen, die im Umgang mit anderen Menschen seit frühester Kindheit geprägt sind und unser Handeln beeinflussen. Wie stark ist die Wahrnehmung autobiographisch geprägt? Wie funktioniert die gesellschaftliche und soziale Umweltwahrnehmung?
Die Naturwahrnehmung des Menschen leitet über auf den Planungsgegenstand - den Garten. *„Der Mensch erfährt über die Natur sich selbst"* (Gernot Böhme). Inwieweit die Natur als Projektionsfläche eigener Sehnsüchte und Ängste dient und welche Perspektiven sich aus diesem Menschenbild und veränderten gesellschaftlichen Faktoren (Ökokrise, Mediengesellschaft) aufzeigen lassen, wird im folgenden skizziert werden.
Die enge inhaltliche Verknüpfung mit der Entwurfsaufgabe leitet über zum nächsten Abschnitt: der Zusammenfassung der Kapitel 2 und 3 und der planerische Ausblick, der die Erkenntnisse zusammenfasst und auf die planerische Ebene überträgt.
Anmerkung: In Kapitel 3 werden Blinde nicht in allen Abschnitten explizit erwähnt.
Das Verständnis von Blinden als integraler Teil der Gesellschaft bezieht sie in Gesellschafts- und Naturerfahrung mit ein. Wo Unterschiede auftreten, weise ich im Text explizit darauf hin.

Kapitel 4: Die Rolle der Planung
Das vierte Kapitel leitet auf die planerische Ebene über, in dem die Geschichte des Blindenwesens und der Blindengärten kurz wiedergegeben wird. Ein Teil der Diplomarbeit bestand auch im Besuch von „Blindengärten", um einen eigenen Standpunkt in den unterschiedlichen Konzepten herausarbeiten zu können. Der folgende Abschnitt stellt drei Anlagen „blindengerechter" Planung vor, an denen unterschiedliche Planungsansätze in Bezug auf sinnliche Qualitäten deutlich werden.
Da sinnliche Qualitäten nicht nur in „Blindengärten" thematisch erfasst sind, sondern auch andere landschaftsarchitektonische Ebenen einbeziehen können, stelle ich neue Ansätze in der Planung vor, die in erster Linie der Frage nachgehen, ob inzwischen ein Umdenken in eine Landschaftsarchitektur „aller Sinne" oder eine Zementierung der Vorherrschaft der visuellen Ebene in der Planung stattgefunden hat, die der ganzheitlichen Sinneswahrnehmung lediglich einen Nischenplatz zuweist.
Anschließend wird der Standortkontext hergestellt. Hier wird die Lage und die räumliche Einbindung in den Stadtteil, das Areal selbst in Bezug auf Planungsphilosophie, Vorzüge und Defizite sowie die Bewohnerstruktur behandelt.

Anhand des eigenen Entwurfes werden im Folgenden blindengerechte Planungsansätze erläutert. Die Ansätze vorangegangener Kapitel werden in einer Planung verankert.
Ich habe auf ein eigenständiges Kapitel wie in Arbeiten anderer Absolventen, das sich mit Richtlinien blindengerechter Planung befasst, verzichtet und werde diesen Faktor bei der Erläuterung des Entwurfes einfließen lassen.

Das hat zum einen den Grund, dass die sogenannten Blindengärten eigentlich Sinnesgärten sind und dass durchaus andere, nichtblinde Nutzer, vorstellbar und wünschenswert sind.

Zweitens lässt sich eine sensible Planung anhand eines Entwurfes besser beschreiben als in der Theorie, zumal der Schwerpunkt der Arbeit im Entwurf und nicht in der Entwicklung von Richtlinien liegt.

Drittens sind Richtlinien für blindengerechte Planung Planungshilfen, die die bisher vernachlässigten Bedürfnisse der Nutzergruppe schützen sollen. Sie liegen in manchen Belangen, wie alltägliche Erfahrungen zeigen, hinter aktuellen Entwicklungen zurück; und können, wenn gute Gründe vorliegen, hinterfragt werden. Dies kann anhand des Entwurfes anschaulicher vermittelt werden.

Viertens existiert keine homogene Gruppe von Blinden, sondern, wie ich im ersten Kapitel darlegen werde, eine heterogene Nutzergruppe mit unterschiedlichsten Behinderungen.

Die Fokussierung auf den Blindenaspekt würde damit zu kurz greifen und andere Bedürfnisse vernachlässigen.

Kapitel 5: Umsetzung
Der Gartenentwurf ist umgesetzt worden. Im fünften Kapitel wird die Umsetzung erläuert und anhand von Plänen und Bildern illustriert.

Den Schluss bildet ein kurzes Fazit der Arbeit.

Eine Anmerkung zur inneren Logik dieser Arbeit: ich bin oft von Kommilitonen, denen ich meine Gliederung vorgestellt habe, gefragt worden, warum das Kapitel Zielgruppe nicht nach der Sinnes- und Umweltwahrnehmung behandelt würde - da es sich die Planung ja primär an sehbehinderte Personen wendet. Dies erscheint zunächst logischer.
Ich werde in dieser Arbeit darlegen, dass die Wahrnehmung von sehenden und sehbehinderten Menschen bei manchen Unterschieden sich im Prinzip nicht so weit unterscheidet, wie gerade wir Sehenden oftmals annehmen. Einen weiteren Eckpunkt meiner Planung stellt die Öffnung des Areals für auswärtige, auch sehende Menschen dar. Deshalb scheint es wichtig, zunächst die Hauptadressaten mit ihren Bedürfnissen und Förderungszielen zu benennen, um anschließend von der Wahrnehmung zur Planung eines Sinnes- und keines „Blinden"-gartens zu gelangen. Die Zielgruppe der sehbehinderten Nutzer bedarf an einigen Stellen besonderer Aufmerksamkeit, ist aber gerade im Bereich der Wahrnehmung „Anlass" einer gemeinsamen Reise von Blinden und Sehenden in die eigene Wahrnehmung, bei der auch die Sehenden viel über sich selbst lernen können! Diese Reise setzt sich in einem Gartenentwurf fort, der einen Sinnesgarten zum Ziel hat, der blindengerecht konzipiert ist, und keinen „Blindengarten", der andere Nutzergruppen ausschließt.
Eine Bemerkung sei noch erlaubt: bei der Komplexität des Themas habe ich versucht, den Stoff kurz zu fassen. Da beim Schreiben der Arbeit jedoch klar wurde, wie vielschichtig das Thema ist und dass oft eine Reihe von Faktoren zusammenwirken, wird hier ein Erkenntnisprozess beschrieben, bei dem nicht an allen Punkten sofort ein planerischer Bezug hergestellt werden kann.
Meine Kritik an vielen Planungen ist ja gerade das „Man nehme"-Denken, bei dem die unterschiedlichen Facetten einer Aufgabe bis zur Unkenntlichkeit reduziert werden.

1. Menschen mit Behinderung: Zentrale Zielgruppe der Planung

Adressaten der Planung sind in erster Linie die Bewohner des Blindenheims und die in den Blindenwerkstätten arbeitenden Personen, also Bewohner des angrenzenden Taubblinden- heimes. Darüber hinaus sind andere Nutzer und Funktionen relevant: die Verwaltungsange- stellten von Pro SENIS gem. GmbH Niedersachsen, Familienangehörige und Besucher, Ausflüg- ler, usw. Aufgrund der körperlichen Beeinträchtigungen der meisten Bewohner ergeben sich spezifische Anforderungen an die Planung. Deshalb muss die Zielgruppe zunächst anhand der Art der Beeinträchtigungen, der körperlichen und psychischen Folgen und der daraus resultie- renden möglichen Förderungsmaßnahmen untersucht werden.

Trotz (oder gerade) aufgrund der introvertierten städtebaulichen Lage des Areals soll auch der Aspekt gesellschaftlicher Determinanten erörtert werden in Hinblick auf die Frage, inwieweit das gesellschaftliche Klima Auswirkungen auf Selbstverständnis und das Handeln beeinträch- tigter Menschen hat.

Die Bezeichnung Blinden- und Taubblindenheim, in den 60er Jahren entstanden, ist aus zwei Gründen irreführend: sie legt nahe, dass die Bewohner gleiche oder ähnliche Krankheits- symptomatiken aufweisen. Zum Zeitpunkt der Eröffnung waren in der Tat die Beeinträchtigun- gen vergleichbarer als zum jetzigen Zeitpunkt. Das hat in erster Linie medizinische Gründe. Die medizinische Entwicklung der letzten vierzig Jahre hat z.B. im Bereich der Frühdiagnostik erhebliche Fortschritte gemacht, so dass heute in stärkerem Maße präventive Maßnahmen ergriffen werden können. Die Sterblichkeitsrate bei Frühgeburten ist seit den 60er Jahren ebenfalls stark zurückgegangen. Jedoch ist die Rate unterschiedlichster körperlicher und geistiger Beeinträchtigungen aufgrund der Frühgeburt höher als bei „Normalgeburten".

„Klassische" Krankheitsverläufe und -folgen sind stark zurückgegangen, das Bild der Symptomatiken erheblich differenzierter geworden. Zum anderen ist der Begriff „blind" ein Sammelbegriff für Symptomatiken der Bewohner mit verschieden schweren Beeinträchtigun- gen der Sehfähigkeit wie z.B. ausschnittweises Sehen, Hell-Dunkel-Sehen oder eben keinerlei visueller Wahrnehmungen. Es wird also auch zu klären sein, was Blindheit von verminderter Sehfähigkeit unterscheidet.

1.1 Zum Begriff der Sehschädigung

Zum Begriff der Blindheit

Was im alltäglichen Sprachgebrauch als Blindheit bezeichnet wird, umfasst unterschiedliche Arten und Schweregrade an Sehschädigungen. Blindheit bezeichnet nicht nur die Amaurose (völlige Lichtlosigkeit). Blind im Sinne der bundesdeutschen Sozialgesetzgebung sind Personen, bei denen mit Gläserkorrektion ohne besondere optische Hilfsmittel

a) auf dem besseren Auge oder beidäugig im Nahbereich bei einem Abstand von mindestens 30 cm oder im Fernbereich eine Sehschärfe von nicht mehr als 1/50 besteht

b) andere unter a) nicht erfasste Störungen der Sehfunktion von entsprechendem Schweregrad vorliegen (Durchführungsverordnung zu § 47 Bundessozialhilfegesetz).

Als Faustregel gilt:

Visus 1/50 und weniger = blind

Visus 1/20 bis 1/50 = hochgradig sehbehindert

Visus 3/10 bis 1/20 = sehbehindert (vgl. Deutscher Blindenverband in Schäfer, S. 184)

Gesichtsfeldausfälle

Unter Gesichtsfeld versteht man das Wahrnehmungsfeld des Auges bei unbewegtem Geradeausblick.

Es umfasst die Gesamtheit aller Punkte (Gegenstände, Flächen) im Raum, die bei Fixation eines Punktes gleichzeitig vom Auge gesehen werden (vgl. Hollwich, S. 337).

Bei Ausfällen des Gesichtsfeldes können Wahrnehmungsstörungen im zentralen Bereich wie in den Randbereichen oder einzelnen Feldern auftreten.

Es entsteht eine punktförmige, röhrenförmige oder lückenhafte Wahrnehmung.

Arten der Sehschädigung

Für die verschiedenen Erscheinungsformen visueller Beeinträchtigungen gibt es altersspezifische Krankheitsverläufe. Man unterscheidet Geburtserblindung, Früherblindung, Jugenderblindung, Späterblindung und Alterserblindung.

Die Geburtserblindung erfasst den Zeitraum vor und bei der Geburt; die Früherblindung beschreibt einen Zeitraum vom Säuglings- und Kleinkindalter bis zwei Jahren, also die Zeit der ersten Kontaktaufnahme, in der in der Regel ein Erinnerungsvermögen in späteren Jahren nicht oder marginal vorhanden ist. Die Späterblindung tritt in einer Lebensphase auf, in der die Mittel der Orientierung, der Kontaktaufnahme mit der Umwelt und das Sozialverhalten voll ausgeprägt sind.

Alterserblindung umschreibt den Teilbereich degenerativer Altersbeeinträchtigungen, bei denen aufgrund anderer altersbedingter Beeinträchtigungen, Einschränkung oder Verlust des Sehvermögens eintritt. Die Unterscheidung ist nicht in Alterszahlen zu fassen, vielmehr dienen als Fixpunkt die verschiedenen Lebensphasen des Menschen, die aufgrund der individuellen körperlich-geistigen Entwicklung und der Sozialisation deutliche Unterschiede aufweisen können.

Ich werde im Folgenden die wichtigsten Erkrankungen beschreiben. Durch die Aufsplitterung der Krankheitssymptome, gerade im Bereich der Mehrfachbehinderungen, kann ich mich nur auf die bezüglich der Zielgruppe wichtigsten, am häufigsten auftretenden Beeinträchtigungen beziehen.

Makuladedegeneration

Die Makuladegenaration bezeichnet die Degeneration der Zapfen in der Makula.
Man unterscheidet die feuchte und die trockene Makuladegeneration, die in ihrer Symptomatik jedoch vergleichbar sind. Beide Augen sind gleichzeitig betroffen; es gibt derzeit keine Behandlungsmöglichkeit, die den Krankheitsverlauf stoppen kann. Bei den Betroffenen bleibt jedoch ein Restsehvermögen vorhanden. Der Mittelpunkt des Gesichtsfeldes fällt aus, die Sehvermögen an den Rändern bleibt jedoch erhalten.
Eine visuelle Orientierung ist weiterhin möglich, kommunikative Aufgaben der visuellen Sinneswahrnehmung (Fixierung von Personen, Lesen) gehen verloren.

Diabetische Retinopathie

Die Diabetische Retinopathie fällt in den Bereich der Alterserblindungen. Vereinfacht gesagt führt die langfristige Unterversorgung mit Sauerstoff zum schrittweisen Ausfall des Sehvermögens. Ursache hierfür ist Altersdiabetes (Diabetus mellitus), die bekannter Weise auch Durchblutungsstörungen anderer Organe, insbesondere der Extremitäten hervorrufen kann.

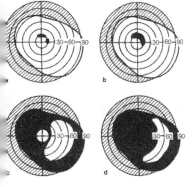

Diabetische Retinopathie
(Altersstar) -
hervorgerufen durch Diabetes

Die Diabetische Retinopathie stellt momentan die häufigste Erblindungsursache im Alter dar.
Die Behandlungsmaßnahmen richten sich nach dem Zeitpunkt des Stadiums. Im ersten Stadium ist diabetische Retinopathie heilbar, da die Veränderungen der Netzhaut therapierbar sind. Ab der zweiten Verlaufsphase sind die Folgen irreversibel.
Der Krankheitsverlauf lässt sich dann nur noch verzögern.
Die Problematik besteht in erster Linie darin, dass diabetische Retinopathie aufgrund fehlender Symptome in der ersten Verlaufsphase nicht rechtzeitig erkannt wird.

Glaukom (Grüner Star)

Grüner Star entsteht durch eine Erhöhung des Augeninnendrucks. Vom Verlauf wird akutes und chronisches Glaukom unterschieden. Ersteres führt zu starker Sehbeeinträchtigung nach kurzer Zeit, letzteres beschreibt ein langsam fortschreitendes Krankheitsbild. Liegt als Krankheitsursache direkt eine Erhöhung des Augeninnendruckes vor, spricht man vom primären Glaukom.
Beim sekundären Glaukom ist die Erhöhung des Augeninnendruckes die Folge eines anderen körperlichen Defektes. Auch wird in weites und enges Glaukom (Kammerwinkel) unterschieden. In den meisten Fällen bleibt vom Gesichtsfeld ein Restwinkel erhalten, in einigen Fällen ist aber auch völlige Erblindung möglich. Der klassische Krankheitsverlauf beinhaltet eine Schädigung des Sehnervs über

Gesichtsfeldausfälle
beim Grünen Star (Phasen 1-4)

Monate und Jahre. Durch medikamentöse Therapie wird der Krankheitsverlauf verzögert oder abgemildert (Herabsetzen des Augendruckes). Die Orientierungsmöglichkeit lässt sich in etwa mit dem der Makuladedegeneration vergleichen.

Katarakt (Grauer Star)

Der Graue Star entsteht durch eine Stoffwechselstörung in der Augenlinse, die eine Trübung der Linse zur Folge hat. Man unterscheidet den Kernstar und den Randstar oder Rindenstar, also die Gesichtsfeldeinschränkungen. Einhergehend mit der Krankheit, treten bei Kataraktpatienten Licht- und Blendungsempfindlichkeiten auf.
Daher tragen Betroffene oft eine spezielle Brille, die die Lichtempfindlichkeit reduziert und so eine bessere Orientierungsmöglichkeit zulässt.
Der Graue Star ist inzwischen in vielen Fällen heilbar. Eine Therapiemöglichkeit ist das Entfernen der Linse. Bei dieser Operation sind jedoch Komplikationen möglich, die einen Verlust des Restsehsinnes nach sich ziehen können. Aus diesem Grund entscheiden sich viele Personen gegen eine Operation.

Tapetoretinale Degeneration

Bezeichnet eine Netzhautdegeneration, bei der das Gesichtsfeld ringförmig eingeengt wird. Erstes Anzeichen der Krankheit ist Nachtblindheit.
Im Gegensatz zu Grauem Star und zur Makuladedegeneration kann die Tapetoretinale Degeneration schon im Schulalter auftreten.
In den meisten Fällen bleibt ein Sehrest im zentralen Gesichtsbereich erhalten, der kommunikative Interaktionen zulässt. Die Orientierungsfähigkeit im Raum leidet aber stark.

Usher-Syndrom

Unter Usher-Syndrom versteht man eine rezessiv-erbliche Erkrankung mit den Komponenten Gehörlosigkeit und langsamer Degeneration der Netzhaut.
Der langsame Verlauf der Sehbeeinträchtigung entsteht durch sukzessives Einlagern von Pigmentteilchen in die Netzhaut. Dabei sind die Randbereiche der Netzhaut zuerst betroffen, die Sehbeeinträchtigungen schreiten vom Rand des Gesichtsfeldes bis zur Mitte hin fort.
Durch die Eindämmung der Röteln wiegt das Usher-Syndrom inzwischen stärker in der Statistik.

Folgeerscheinungen, die keiner Augenerkrankung zuzuordnen sind

Im Gegensatz zu Rötelfolgeschäden sind Folgeschäden durch Meningitis, Encephalitis und auch Direktinfektionen in den letzten Jahren angestiegen.
Schäfer verweist auf die angestiegene Zahl von Spätaussiedlern aus der ehemaligen Sowjetunion, die aufgrund der bisweilen mangelhaften medizinischen Versorgung einen höheren Anteil geschädigter Personen aufweisen. Die Symptome variieren in den Krankheitsbildern, die Mehrfachbehinderungen zur Folge haben, zum Teil sehr stark.

Rötelschädigungen

Die Ansteckung erfolgt während der Schwangerschaft. Nach Ausbruch der Krankheit bei der Mutter wird das Kind im Mutterleib angesteckt. Dem folgt eine Erblindung und Ertaubung. Bis in die Mitte des Jahrhunderts stellten die Röteln die Hauptursache der Krankheitssymptomatik bei Taubblinden dar.

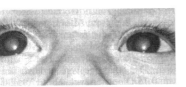

Aus diesem Grund wird Taub-Blindheit oft als ein gleichwertiges Symptom dargestellt.
Bei vielen Taubblinden existiert jedoch eine Früh- und eine Folgeerscheinung und keine gleichwertige Symptomatik.
Aufgrund einer Forcierung der Vorsorge (Impfungen) bei werdenden Müttern treten heutzutage kaum noch Rötelschädigungen auf.

Linsentrübung als
Rötelfolgeschaden

Folgeerscheinungen Frühgeburten

Die Säuglingssterblichkeit konte aufgrund medizinischer Fortschritte im frühdiagnostischen Bereich in den letzten Jahren reduziert werden. Dies hat zur Folge, dass Kinder mit schweren gesundheitlichen Beeinträchtigungen, die vor einigen Jahrzehnten noch gestorben wären, am Leben erhalten werden können. Die Schädigungen sind verschiedenster Art: neben multipler Schädigungen der Sinnesorgane sind geistige und motorische Schäden ebenfalls häufig anzutreffen. Im Taubblindenzentrum wie im Blindenzentrum sind in den letzten Jahren vermehrt Bewohner mit einer Beeinträchtigung der Sinneswahrnehmung in Kombination mit geistigen oder motorischen Schwierigkeiten anzutreffen.

Tumor

Auch hier kann man nicht von einem einheitlichen Krankheitsbild ausgehen.
Die Lage des Tumors und der Zeitpunkt der Operation ist maßgeblich. Ein Tumor am Sehnerv beeinträchtigt fast ausschließlich die Sehfähigkeit. Am Gehirn kann er vielfältige gesundheitliche Folgen nach sich ziehen. Der Zeitpunkt der Entfernung entscheidet über die Rehabilitationsfähigkeit des Patienten. Dies bezieht sich jedoch hauptsächlich auf den geistigen und motorischen Bereich. Schädigungen der Sehorgane können in der Regel nicht rückgängig gemacht werden.

Schlaganfall

Beim Schlaganfall sind meistens ganze Körperpartien betroffen (z.B. linke Körperhälfte). Die Schädigung oder der Ausfall des Sehsinnes ist in der Regel mit einer starken Beeinträchtigung anderer Körperfunktionen verbunden. Auch hier gilt: Schädigungen des Sehorgans sind in der Regel nicht reparabel - der Patient lernt, mit den Folgen zu leben und diese durch Erlernen von Fähigkeiten auszugleichen.

Direkteinwirkung durch Verletzung

Auch hier können verallgemeinernde Aussagen nicht getroffen werden, da die Symptomatik sehr unterschiedlich ausfällt. Allerdings sind Unfälle, bei denen die Augen in Mitleidenschaft gezogen werden, oft aufgrund räumlicher Nähe mit weiteren Kopfverletzungen, die Auswirkungen auf das geistige und motorische Potential der Betroffenen nach sich ziehen, verbunden (mechanische Verletzungen).

Sehverlust als Folge von Hirnschädigung kann z.B. bei schweren Schädeltraumata auftreten.

Die meisten der hier dargestellten Beeinträchtigungen sind „Alterskrankheiten" oder treten zumindest verstärkt im Alter auf (Makuladedegeneration, Diabetische Retinopathie, Grauer Star, Schlaganfall, Tumor). Der Anstieg an Sehschädigungen durch Unfälle oder genetische Faktoren bei gleichzeitiger Abnahme „klassischer" Sehschädigungen z.B. durch Röteln, erweitert das Bild der Krankheitssymptome. Aufgrund dieser Entwicklung ist eine einheitliche Bewertung der Zielgruppe, in Hinsicht auf die Auswirkungen der Behinderung und therapeutische Maßnahmen, schwierig. Dennoch werden die wichtigsten Faktoren ohne Vollständigkeitsanspruch im folgenden genannt, um einen Eindruck in die Problematik zu gewährleisten.

1.2 Auswirkungen der Beeinträchtigungen

Das Erleben der Sehbeeinträchtigung und die Auswirkungen auf das individuelle Handeln sind von einer Reihe von Determinanten abhängig. Häufig werden die Darstellungen auf eine körperlich-medizinische Ebene reduziert, ohne den Einfluß der psycho-sozialen Faktoren oder die Wechselwirkung beider Komponenten zu thematisieren.

Körperliche Faktoren
• Krankheitssymptome
• Beeinträchtigungen anderer Art
• Zeitpunkt (Lebensalter) und Zeitraum (sofort, schnell, langsam) der Erblindung
• Gesamtkonstitution

Symptomatik und Beeinträchtigungen anderer Art entscheiden über das Maß an Orientierungs- und Aufnahmefähigkeit, individueller Selbständigkeit und Hilfsbedürftigkeit.
Schäfer unterscheidet jedoch objektive und subjektive Sehbeeinträchtigung.
Objektive Sehbeeinträchtigung bezeichnet die Ebene der medizinischen Diagnostik.
Die subjektive Sehbeeinträchtigung umfasst die Möglichkeiten des Individuums, durch Restsehvermögen und Einsatz anderer Sinne den Sehrest zu nutzen.

Der Zeitpunkt der Erblindung ist für den Umgang der Betroffenen mit der neuen Situation von zentraler Bedeutung. Geburtsblinde oder frühblinde Menschen lernen die Orientierung und Kommunikation auf non-visueller Ebene, bei Altersblinden z.B. ist das räumliche oder farbliche Vorstellungsvermögen ausgeprägter, dafür fällt ihnen erfahrungsgemäß die Umstellung, sich anhand der anderen Sinne zu orientieren, sehr viel schwerer.

Der Zeitraum der Sehbeeinträchtigung spielt ebenfalls in der Bewältigung der neuen individuellen Situation eine Rolle. Bei Soforterblindung und Schnellerblindung wird der Verlust des Sehvermögens als Schock wahrgenommen; das „Handwerkszeug" der Orientierung und Kommunikation gehen verloren, der schlagartige Verlust der Selbständigkeit ist die Folge.
Dafür kann man von einem Status quo ausgehen, von dem aus der Lernprozess mit dem Ziel größtmöglicher individueller Selbständigkeit beginnen kann.
Langfristige „schleichende" Sehbeeinträchtigungen ermöglichen eine sukzessive Aneignung neuer Fähigkeiten, die Perspektive der fortschreitenden Verschlechterung des eigenen Gesundheitszustandes erzeugt jedoch bei vielen Betroffenen Angst- und Ohnmachtsgefühle, die sich natürlich negativ auf den Lernprozess auswirken.

Die Gesamtkonstitution des eigenen Körpers fördert oder schränkt die Leistungsfähigkeit ein. Krankheit, Fitness, Beweglichkeit sind wichtige Einflussfaktoren der „Tagesform".
Davon sind Konzentrationsfähigkeit, Belastungsfähigkeit, Selbstvertrauen, Geduld usw. abhängig. Die Einschränkung der Motorik bei Altersbetroffenen stellt ein weiteres Problem dar. Die Kontrolle über den Körper, die im Alter z.T. eingeschränkt ist, wird durch den Verlust visueller Kontrolle weiter gemindert. Änderungen im Bereich des Bewegungsapparates treten bei Erblindeten insbesondere in der „Gewöhnungsphase" auf.

Motorische Fähigkeiten und deren Überprüfung müssen neu erlernt werden. Aus diesem Grund neigen Blinde im ersten Stadium zu einer etwas vornüber gebeugten Haltung und einer langsameren Motorik.

Somatische Auswirkungen der Blindheit sind in den letzten Jahren untersucht worden. Dabei wurden komplexe Zusammenhänge zwischen Lichtreflexen und der Steuerung körpereigener Funktionen deutlich. Es gilt inzwischen als wissenschaftlich erwiesen, dass Lichtimpulse Regulationsvorgänge im Körper im Bereich der Wärmeregulation, des Fett- und Wasserstoffwechsels beeinflussen. Amaurose kann eine Unterfunktion von Nieren, Schilddrüsen und Keimdrüsen bewirken. Die Folgen sind rasches Ermüden, Konzentrationsprobleme und Schlafstörungen.

Auch Menstruations- und Potenzprobleme können sich ergeben (Dübbers/Pauselli, S. 124).

Psychosoziale Faktoren

- eigene Begabung und Intelligenz
- Persönlichkeitsstruktur (Lebensgeschichte, Selbstbewusstsein)
- Reaktion und Verständnis des sozialen Umfeldes

„Trotz dieser Einflußfaktoren, die wesentlich die individuelle Reaktion auf die Behinderung bestimmen, bleibt grundsätzlich festzustellen, dass Erblindungen, egal in welchem Alter, oft zu schweren emotionalen Spannungen und Konflikten führen.
Auslöser dafür ist das meist in Frage gestellte Selbstwertgefühl des Blinden, insbesondere bei Späterblindeten (hiervon 75%), die durch die neu entstandenen Orientierungsprobleme und das Abhängigkeitsgefühl eine schwere Krise erleben." (Hudelmayer, S. 36).

Dabei wird nicht zwischen dem individuell und fremdverursachten Erblindungsmodus unterschieden. Die Betroffenen können aufgrund der Differenz zwischen eigenen Erwartungen und ihren tatsächlichen Fähigkeiten in eine Krise geraten. Aber auch die Erwartungshaltung Dritter kann diese Krise auslösen.

Zu den gesellschaftlichen Faktoren der Behinderung werde ich im folgenden Kapitel ausführlich eingehen.

Die psychologische Belastung von sehbehinderten Personen ist nicht zu unterschätzen. Der Anteil der Personen mit psychischen Problemen wird in einer Umfrage von Häßler, Wacker und Wetzler (vgl. S. 291) mit 2/3 der Befragten angegeben. Die Beschwerden gliedern sich in verschiedene Symptome auf (s. Statistik).

Bei Späterblindeten leiden nach Statistiken 10% der Betroffenen unter Depressionen (vgl. ebenda, S. 296). Männer dieser Betroffenengruppe sind nach mündlicher Auskunft anfälliger für depressive Störungen als Frauen (mündliche Auskunft Herr Hahn, Sozialpädagoge und Pflegedienstleiter im Blindenzentrum Hannover). Das kann mit Rollenverhalten und gesellschaftlichen Rollenerwartungen zu tun haben. Das vorherrschende männliche Selbstverständnis in unserer Gesellschaft orientiert sich stärker an Arbeit, Aktivität und beruflicher Leistungsfähigkeit, während bei Frauen kommunikative Fähigkeiten stärker gewichten. Somit können Frauen Kommunikationsbarrieren schneller überwinden und die eigene Situation thematisieren.

„Männer mit Behinderungen erfahren im Falle gesundheitlicher Krisen noch verstärkt, dass sie dem herrschenden Männerbild unserer Gesellschaft nicht genügen." (Häßler, Winkler, Wacker, S. 290). Das Ausscheiden aus dem Berufsleben und der individuelle mögliche Statusverlust sind weitere wichtige Faktoren der Verunsicherung bei Männern. Dies gilt meines Erachtens aber in gleichem Maße für die Altersgruppe der Jugend- und Alterserblindeten. Frauen empfinden stärker die Abhängigkeit von der Hilfe andere Personen als seelische Belastung.

„Nach wie vor wird von Frauen erwartet, daß sie für andere sorgen und für sie da sind, während Männer vorwiegend als diejenigen gelten, denen diese Fürsorge dient." (ebenda, S. 289). Auch die Umwälzungen im sozialen Netz werden von Frauen bedrohlicher empfunden.

Der Verlust sozialer Bindungen, eine häufige Folge der Sehbehinderungen, kann verschiedene Ursachen haben. Schäfer weist auf Schwankungen der „Tagesform" hin, deren Folgeverhalten von nicht betroffenen Menschen nicht eingeordnet werden können.

„Schwankungen der Konzentrationsfähigkeit oder unterschiedliche Lichtverhältnisse führen dazu, daß alltägliche Verrichtungen, die am Vortag noch problemlos bewältigt werden können, heute nicht mehr durchführbar sind, am nächsten Tag aber wieder gelingen. Dies bereitet den Sehgeschädigten gerade im Zusammenleben mit ihren sehenden Mitmenschen oft Probleme. Angehörige, Freunde, etc. können nicht verstehen, daß die sehgeschädigte Person heute Hilfe bei Verrichtungen benötigt, die ihr gestern noch gut allein gelungen sind. Dies kann von den Angehörigen als Bequemlichkeit oder Schikane empfunden werden." (Schäfer, S.184). Die Reaktionen der Mitmenschen können ihrerseits die Betroffenen verunsichern; der (Teufels-)kreis schließt sich.

Kommunikationsbarrieren sind ein weiterer Grund für den Verlust sozialer Bindungen. Seebauer/Züge betonen den visuellen Aspekt der Kommunikation.

Wir nehmen neben der Sprache auch die Mimik und Gestik des Gegenübers auf und erhalten so ein Bild über Inhalt, Intention, Stimmung und Verhältnis zueinander.

„Diese Problematik (Kommunikationsschwierigkeiten, Anm. d. Verf.) ist auch bei der Kommunikation erwachsener Sehgeschädigter festzustellen.

Unsicherheiten bezüglich eigener und anderer Kommunikationsabsichten und -fähigkeiten, Unterschätzung der eigenen Fähigkeiten und Lähmung der Handlungsbereitschaft sind häufig Folgen der Kommunikationsschwierigkeiten." (Seebauer/Züge, S. 15).

Die Folge dieser Kommunikationsbarrieren kann die Abwendung von Freunden oder Verwandten der Betroffenen sein.

Hauptsächliche (meistens aber versteckte) Begründung dafür: „zu anstrengend".

Bei Spät- und Altersblinden kann das Erinnerungsvermögen an räumliche Gegebenheiten die Orientierung im Raum erschweren: dann nämlich, wenn das Bild, das sich der Betroffene von der Räumlichkeit macht, der tatsächlichen Situation nicht entspricht. Als Folge dieser Irrtümer kann eine tiefe Verunsicherung bezüglich der eigenen (Orientierungs-) Fähigkeiten bei den Betroffenen auftreten.

Schäfer weist ausserdem auf das wenig bekannte Phänomen der Phantombilder hin.

Anscheinend sind Phantombilder (genauso wie der Phantomschmerz bei amputierten Gliedmaßen) Teil einer Bewältigungsstrategie des Körpers bezüglich des Verlustes von Organen.

Diese Phantombilder können plötzlich auftreten.

„Menschen, die aufgrund von blindheitsbedingter Isolation von solchen extremen „Tagträu-men" befallen werden, erschrecken, zweifeln an ihrem Verstand und trauen sich nicht, anderen Menschen davon zu erzählen (...). Gerade alten Menschen können derartige Erschei-nungen leicht als Demenz ausgelegt werden." (Schäfer, S. 185). Wenn sie es nicht schon selbst glauben.

Die Folgen der visuellen Beeinträchtigungen für die betroffenen Personen können - das klang in diesem Kapitel bereits an - abgemildert oder verstärkt werden.

Deshalb rückt als nächstes die Frage nach dem gesellschaftlichen Bild von Behinderung in den Vordergrund.

1.3 Behinderung und Gesellschaft

Ausgehend von den eben beschriebenen Krankheitsbildern und -verläufen, habe ich die direkten Auswirkungen der Behinderung auf Körper und Psyche untersucht. Es stellt sich nun die Frage, inwieweit gesellschaftliche Faktoren die Situation behinderter Menschen beeinflussen. Die in den letzten Jahren begonnene Diskussion zur gesellschaftlichen Diskriminierung Behinderter ist ein Indiz dafür, dass es offensichtlich gesellschaftliche Barrieren immer noch gibt, aber auch ein Bewusstsein für diese Problematik - zumindest seitens der Behinderten- artikuliert wird.

Im landläufigen Gebrauch fungiert das Wort Behinderung als ein Sammelbegriff unterschiedlicher Phänomene, die in der Regel die Eingliederung in die Gesellschaft erschweren oder ausschließen. Die „Eingliederungsfähigkeit" bezieht sich sowohl auf die Arbeits- und Berufs- welt als auch auf die soziale Ebene. Diese immer noch verbreitete Definition wird im folgenden anhand unterschiedlicher Definitionen und Begriffe hinterfragt.

Behinderungsdefinitionen

Im folgenden wird der Frage nachgegangen, wie Behinderung definiert werden kann und was die Ausgrenzung aus der Gesellschaft bewirkt. Ich stelle vier Definitionen gegenüber, die sich in Tendenzen unterscheiden, aber vom Grundkonsens - der erklärten Eingliederung behinderter Menschen in die Gesellschaft - ähnlich sind.

Grundgesetz

Der Verfassung vom 15.11.1994 wurde folgender Satz beigefügt: „Niemand darf wegen seiner Behinderung benachteiligt werden." Der Satz beinhaltet eine mögliche gesellschaftliche Benachteiligung, bleibt aber wegen einer fehlenden genaueren Definition, was unter Behinderung verstanden wird, ohne praktische Konsequenzen. Gutschick kritisiert, dass es sich um ein Benachteiligungsverbot, aber nicht um ein Gleichstellungsgebot handelt, wie sie in vergleichbaren Gesetzestexten schon existieren. Auch der Begriff Benachteiligung bleibt im Dunkeln, da z.B. nicht geklärt ist, ob darunter nur aktive oder auch passiv-strukturelle Diskriminierung gemeint ist. Auch die Erklärung Rita Süßmuths, der „Zusatz stelle eine Werteordnung dar, die Maßstab und Hilfestellung für unser persönliches Handeln sei" trägt nicht zur Begriffsklärung bei. Infolgedessen spricht Gutschick lediglich von einem Startschuss im Wandel des gesellschaftlichen Umgangs mit Behinderten.

Verschiedene Autoren haben inzwischen den Zusammenhang zwischen dem medizinisch-funktionalen Aspekt und dem gesellschaftlichen Verhalten untersucht, und die Ursache-Folge-Theorie grundsätzlich in Frage gestellt.

Behinderung wird ihrer Meinung nach nicht als medizinisch-funktionale Ursache mit sozialen Folgen begriffen, sondern als wechselseitige Interaktion oder gar als konträr wirkendes Ursache-Folge-Prinzip (Ausgrenzung). Ich werde im folgenden differenziert darauf eingehen.

Weltgesundheitsorganisation

Die Definition der Weltgesundheitsorganisation erwähnt die gesundheitliche Beeinträchtigung (physisch/psychisch) als einen Aspekt, stellt aber gesellschaftliche Beeinträchtigungen, die sich daraus ergeben, als einen dominanten Faktor der Behinderung heraus.

Drei Aspekte der Behinderung werden begrifflich getrennt:

Impairment meint die Schädigung des Organismus, die in eingeschränkten Funktionen und Funktionsabweichungen deutlich werden.

Disability bezeichnet die Auswirkungen auf die Alltagsbewältigung in Form von Handlungs- und Aktivitätsverlusten, also die aus der Schädigung resultierenden Einschränkungen.

Handicap umschreibt die gesellschaftliche Dimension der Behinderung durch Einschränkung der Teilnahme- und Partizipationsmöglichkeiten.

„Die ersten beiden Dimensionen der hier vorgestellten Begriffssystematik beziehen sich zunächst auf die Ebene des Individuums, während Handicap einen relationalen Begriff darstellt, also erst aus der Beziehung der Person zur sozialen Umwelt entstehen kann. Damit wird Behinderung als soziales Phänomen begriffen, und es werden Konsequenzen beschrieben, die ein Individuum aus einer Schädigung oder Funktions- und Aktivitätseinschränkungen in Bezug auf seine Umwelt ergeben." (Gutschick, S. 25)

Auch hier ist die medizinisch-funktionale Ebene die Grundvoraussetzung für die daraus folgenden individuellen und sozialen Konsequenzen. Die Nichterfüllung gesellschaftlich codierten Normverhaltens und daraus resultierende soziale Benachteiligung werden klar benannt. Das ist insofern ein Fortschritt, dass nicht die Behinderung selbst, sondern die Nichterfüllung gesellschaftlicher Anforderungen Grund für soziale Benachteiligung ist.

Die aktive Rolle der Gesellschaft bei der Abgrenzung nicht normgerechten Verhaltens rückt stärker in den Mittelpunkt. Die Reihenfolge der Begriffe suggeriert allerdings einen Ablauf und eine Zwangsläufigkeit der Entwicklung. Dies erscheint bedenklich:

(Deutlich sichtbare) körperliche Abnormitäten ohne Funktionseinschränkungen können auch zu gesellschaftlichen Randlagen führen.

Der Grad der Behinderung ist nicht automatisch kongruent zur möglichen Einschränkung. Soziale Ausgrenzung kann als Folge eine Funktions- und Aktivitätseinschränkung bedeuten. Die Kausalität von Impairment und Handicap wären also vertauscht.

Verschiedene Autoren merken an, dass individuelle Schadensverläufe nicht in dieser Systematik kategorisiert werden können.

Aus der WHO-Definition wird deutlich, dass die sozialen und gesellschaftlichen Belange der Behinderung einer deutlichen Fokussierung bedürfen.

Definition der norwegischen Regierung

Die norwegische Regierung entwickelte eine Begriffsdefinition, die den sozialen Aspekt ins Zentrum der Beobachtung stellt: Behinderung ist *„die Diskrepanz zwischen den Fähigkeiten des Individuums und den Funktionen, die ihm in der Gesellschaft abverlangt werden."*

Hier wird das Schadensbild, die körperlich-geistige Einschränkung und das gesellschaftliche Verhalten nicht als Kausalkette dargestellt, sondern die gesellschaftliche Erwartungshaltung fokussiert, die normgerechtes Verhalten und kollektiv-verwertbare Leistungen einfordert.

Behinderung rückt als soziales Phänomen in den Mittelpunkt und wird nicht, wie in der Gesetzesgrundlage der Bundesregierung, in einen fiktiven und nebulösen Raum gehoben, sondern mit gesellschaftlicher Realität und alltäglichen Ausgrenzungen verbunden.

Gleichstellungsgesetz

Das Gleichstellungsgesetz des Bundes sollte (damaliger Stand, Anm. d. Verf.) im Sommer 2002 in Kraft treten. Anhand der bislang veröffentlichten Daten und der Stellungnahmen von Experten, Betroffenen und Verbänden wäre die Verabschiedung des Gesetzes ein qualitativer Sprung in Richtung eines gleichberechtigten Status.

Das Ziel einer gleichberechtigten Teilhabe am gesellschaftlichen Leben und der Selbstbestimmung des eigenen Lebens wird darin formuliert werden. Es geht also einen Schritt weiter als der Gleichstellungsparagraph, der lediglich die Diskriminierung unterbinden wollte, ohne Eckdaten und Begriffe klar zu formulieren (s. o.). Der Terminus „Benachteiligung beseitigen und verhindern" benennt nicht nur klar Ziele des Gesetzes, sondern beschreibt auch deutlich gesellschaftliche Realitäten, die unterbunden werden sollen.

Weiterhin werden die Konsequenzen dieses Ziels verbindlich formuliert:

Benachteiligung von Frauen aufheben, Barrierefreiheit, Zielvereinbarungen zwischen Verbänden und Unternehmen und vieles mehr. Bei Verabschiedung des Gesetzes ergeben sich erhebliche Konsequenzen für öffentliche Träger und den öffentlichen Raum: z.B. das Benachteiligungsverbot für Träger öffentlicher Gewalt, die Vorgabe zur barrierefreien Gestaltung des öffentlichen Raumes und der Pflicht zur barrierefreien Zugänglichkeit ziviler Neubauten.

Thesen und Begriffe zur gesellschaftlichen Wahrnehmung von Behinderung

In diesem Zusammenhang ist es nötig, neuere soziologische Arbeiten zu dem Thema Behinderung als soziales Phänomen kurz darzustellen. Der Text, den ich zusammenfasse, wurde von Gutschick verfasst. Zunächst geht es um die Unterscheidung von Krankheit und Behinderung. Nach Parson ist Krankheit eine Abweichung von biologischen und sozialen Normen, die die Ausübung von gesellschaftlichen Rollenverpflichtungen einschränkt oder ausschließt.

Baumann erweitert den Begriff um die chronische Erkrankung, deren Hauptmerkmal im Gegensatz zur temporären Erkrankung kein Überwindungsstreben des Individuums kennzeichnet, sondern ein Anpassen an die dauerhafte Beeinträchtigung. Haber und Smith ergänzen diese Definition mit Blick auf die gesellschaftliche Dimension:

Behinderung wird als Normalisierung ungewöhnlichen, nicht normgerechten Verhaltens innerhalb reziproker Rollen definiert.

Freidson befasst sich mit dem Begriff der Stigmatisierung von Behinderten.

Krankheit wie Behinderung sind Formen der Abweichung von der Normalität gesellschaftlichen Verhaltens. Behinderung beschreibt er als Vergabe unerwünschter Attribute gegenüber anderen Personen.

Goffman lenkt den Blick auf die soziale Beurteilung von Verhaltensweisen, die einem gesellschaftlichen und kulturellen Wandel unterliegen können. Er unterscheidet zwei Bewertungsmuster in sozialem Umgang: die virtuale soziale Identität beschreibt die Erwartungen, die sich aufgrund der Zugehörigkeit zu einer sozialen Gruppe schon nach wenigen Momenten des Kontaktes konstituieren. Die aktuale soziale Identität bezeichnet die wirklichen persönlichen Attribute, die im Laufe von sozialen Interaktionen deutlich werden.

Stigmatisierte (sozial stark diskreditierte) Personen entsprechen nicht dem Bild der virtualen sozialen Identität. Diese Abweichung führt zu einem zwangsläufigen Urteil, das die aktuale

Informationskampagne

soziale Identität der betreffenden Person überlagert und bei der beurteilenden Person ihrerseits zu weiteren subjektiven, in der Regel negativen Rückschlüssen führt.

Die Labeling-Theorie schließlich definiert Stigmatisierung nicht mehr als Diskreditierung von Personen aufgrund von Merkmalen, sondern aufgrund der negativen Bedeutung von Merkmalen, also ihrer sozialen Bewertung.

Im Laufe des Textes ist klar geworden, dass Behinderung kein objektiv-medizinischer Zustand, sondern die gesellschaftliche Bewertung bestimmter Merkmale ist.

Anhand von im allgemeinen Sprachgebrauch verankerten Begriffen, die im Zusammenhang mit dem Thema Behinderung oft benutzt werden, wird nun die individuelle und die gesellschaftliche Tragweite dieser Beurteilungen untersucht.

Diskriminierung

Diskriminierung bezeichnet laut Duden eine Andersbehandlung im Sinne einer Herabsetzung oder Herabwürdigung. Dieser Definition fehlt der Zusatz „... aufgrund einiger Merkmale", denn individuell unterschiedliches Verhalten ohne kollektive Übereinstimmung würde auch eine individuelle Beurteilung ohne Kategorisierung nach sich ziehen.

Die Andersartigkeit bezieht sich jedoch auf gesellschaftliche Normen, da Aussehen oder Verhalten in bestimmtem Grad gesellschaftlich determiniert sind. Diskriminierung umfasst also unterschiedliche Bereiche gesellschaftlichen Lebens, nicht nur Behinderung.

Rassismus gehört zu diesem Bereich genauso wie soziale Hierarchisierung. Der Begriff setzt eine willkürliche Herabsetzung aufgrund von Merkmalen voraus, die gesellschaftlich codiert sind in leistungsbezogene, soziale und kulturelle Faktoren.

Neumann unterscheidet offene/direkte und strukturelle Diskriminierung. Offene oder direkte Diskriminierung umfasst verbale und körperliche Ausgrenzung und Gewalt; strukturelle Diskriminierung findet im „Graubereich" der Unterlassung statt, also Handlungen, deren indirekte Folgen Nachteile für Personen nach sich bringen: Wegsehen genauso wie das Bevormunden oder Nichternstnehmen.

„An anderen Tagen werde ich systematisch übersehen. ,Möchte sie die Bluse überziehen?' wird meine Begleiterin in einem Konfektionsgeschäft gefragt. ,Kann sie unterschreiben? Nimmt sie Milch in den Kaffee?' Und die Kellnerin heftet ihren fragenden Blick neben mir an der anderen fest, als hätte ich mich soeben vom Tisch zurückgezogen.

Ich räuspere mich und antworte, obwohl ich nicht gefragt worden bin. Das erzeugt nur Verlegenheit." (Krahe, S. 176).

Integration

Nicht nur in der Debatte über Benachteiligung Behinderter, auch z.B. bei Migrations-diskussionen fällt auf, dass ein Integrationsbegriff benutzt wird, der eine Erwartungshaltung an die zu Integrierenden richtet. Die Erwartungshaltung besteht in erster Linie in einer Anpassung an vorformulierte Verhaltensmuster und schließt Auffälligkeiten aus.
Henz formuliert den Integrationsbegriff folgendermaßen:

„Nach Grüber (1974) ist für die Integration das Setzen normativer Wertvorstellungen - zum Beispiel dessen, was wir als ‚normal' oder ‚anormal', als wertvoll oder wertlos bezeichnen, entscheidend wichtig. Eine Vorbedingung für die Integration ist, dass diese Wertmaßstäbe für beide Gruppen gleichgesetzt werden. Da der Blinde die Vorstellung in sich verarbeiten muss, dass die Formen der geltenden Sozialität vom Sehenden geprägt werden, sind für ihn alle Möglichkeiten und Methoden erfolgversprechend, die es ihm gestatten mit so wenig Sonder-regelungen wie möglich ein gewisses Maß an Orientierung in der Welt der Sehenden, seiner Wohnung und ihrem Umfeld zu erreichen. Er muss mit der Forderung leben: soviel Vorkeh-rungen wie nötig, aber auch so wenig wie möglich." (Henz, S.2).

Hier sind einige kritische Anmerkungen vonnöten: Im Zeitkontext von 1979 stellt diese These gegenüber der Segregationsmethodik der 60er Jahre zunächst einmal einen Umschwung zu einer schrittweisen Akzeptanz behinderter Menschen in der Gesellschaft dar. Statt Aussortie-ren und (wohlmeinender) Sonderbehandlung wird Gleichbehandlung von Nichtbehinderten und Behinderten gefordert. Gleichwohl bleibt das Selbstverständnis der Integration, das Leistungs-prinzip der Anpassung statt Pluralität der Lebensentwürfe, unreflektiert.
Ernst Klee schreibt in Bezug auf den Integrationsbegriff der Gesellschaft bei Behinderten:
„Integrieren bedeutet in der Praxis sortieren. Es werden jene integriert, die am Arbeits-markt zu vermitteln sind. Die Nichtvermittelbaren landen in Werkstätten für Behinderte und die gar keine Leistung mehr bringen, sehen ihrem biologischen Tod schon zu Lebzeiten in Behindertenheimen entgegen, als menschlicher Schrott, den man vorzeitig ausgelagert hat." (Klee, S. 282).

Die drastische Darstellung macht zweierlei deutlich: Das gesellschaftlich verankerte Lei-stungsprinzip, dass nur der, der eine vergleichbare Arbeitsleistung in die Gesellschaft ein-bringt, soziale Anerkennung genießen kann, wird auf Behinderte übertragen und zum alleini-gen Bemessungsmaßstab. Die Gruppe der Integrierer vertritt gegenüber den zu Integrierenden einen hegemonialen Denkansatz.
Gleichwohl wird bei Durchsicht der Literatur neben den Klagen über das immer noch ungebro-chene Denken ein steigendes Selbstbewussten der Behinderten in den letzten Jahren deutlich. Die Infragestellung leistungsbezogener gesellschaftlicher Normen und geistig hegemonialer Vorstellungen gerät zunehmend in die Kritik.
„Integration ist keine Zauberformel, sondern die mehr oder weniger reflektierte, vor allem aber gelebte Konzeption eines pädagogischen Weges wechselseitiger Interaktion beim gemeinsamen Leben-Lernen." (Schuchhardt, S.18).

Normalität

*„Jede Ratio, das ist aus der Vernunftskritik der letzten Jahre zu lernen, hat ihren Preis.
Er besteht ganz allein im Auschluß dessen, was nicht für die Öffentlichkeit bestimmt ist, was
deren Licht entzogen ist, das Nicht-normale, Nicht-kompatible, sich dem gewohnten Verständnis und der Verständigung entziehenden. Dabei ist Normalität begrifflich und tatsächlich auf das angewiesen, was sie ausschließt: Ohne „Irr-sinnige" kein Sinn, ohne „Krüppel"
kein Maß-nehmen und keine „Maß-nahme", ohne „Störung kein Idealfall reibungslosen
Verkehrs."* (vgl. Baureithel, S. 13).

Wie eingangs beschrieben, existieren in jeder Gesellschaft kulturelle und soziale Verhaltens-
kodexe. Diese können sich aufgrund ökonomischer, sozialer und kultureller Faktoren ändern.
Beispiel: Bis ins 20. Jahrhundert hinein war das Schönheitsideal von deutlich dickeren Menschen bestimmt, mit ihnen wurde das Bild von Wohlstand transportiert. Das heutige, deutlich
schlankere Schönheitsideal ist eine Folge von allgemeinem Wohlstand und dem Ideal von
Gesundheitsbewusstsein und Körperbeherrschung. Das gesellschaftliche Bewusstsein der
Veränderbarkeit von gesellschaftlichen Normen ist nicht sehr ausgeprägt; der Status quo
kultureller und sozialer Codes wird meines Erachtens von vielen als konstant und nicht
veränderbar wahrgenommen. So kann Diskriminierung bei Behinderten auch als Normalität
wahrgenommen werden, wenn sie sich als alltägliche, dauerhafte Situation darstellt.
*„Aufgrund ihrer stigmatisierten Unwirtschaftlichkeit werden Blinde und Sehbehinderte eher
als soziale Belastung bzw. als sozial nicht verwendbar (Krähenbühl, S. 28) eingestuft.
Die Gesellschaft prägt Blindheit mit Begriffen wie 'hilflos', 'bemitleidenswert', 'ernst',
'leise', 'friedlich', 'einsam', 'gehemmt' und 'verinnerlicht' "* (vergl. Thimm; Seebauer/
Züge, S.18).

Wie aus dem Text hervorgeht, traut man dem behinderten Menschen „normales" Empfinden
kaum zu. Diese stereotype Sichtweise veranlasst die Betroffenen in vielen Fällen zu zwei
unterschiedlichen Strategien: Eine Strategie besteht in einer übertrieben genauen und
ehrgeizigen Herangehensweise an Aufgaben und Probleme: *„Dabei reagiert er häufig durch
überkompensierende Meisterung von Aufgaben und Tätigkeitsbereichen, von denen die
Öffentlichkeit im allgemeinen annimmt, daß sie ihm aus physischen Gründen verschlossen
seien."* (vgl. Grüber, aus Seebauer/Züge ebenda).

Auch hier muss die Frage nach einer Wechselwirkung gestellt werden: Behinderte kompensieren nicht nur, sondern werden mit gesellschaftlichen Erwartungshaltungen konfrontiert.
Leistungen in Bereichen, von denen man nicht erwartet, dass Behinderte dort leistungsfähig
sind, werden besonders anerkannt. Der Untertitel der Autobiographie Helen Kellers, der
ersten taublinden Frau, die studierte und berühmt wurde, heißt: „Die Geschichte einer
mutigen Frau, die ihre Behinderung besiegte." Helen Keller hat diesen Satz bestimmt nicht
selbst geschrieben. *„Unvoreingenommen ist die Sicht auf Behinderte nicht einmal dort, wo
man ihre Leistung bewundert, denn selbst dann weichen Sie als Ausnahmeerscheinung ab vom
Dispositiv des „Normalen"* (Bartheitel in: Der Freitag v. 26.1.2001, S.13).

Seebauer und Züge weisen darauf hin, dass der permanente Druck individueller und gesellschaftlicher Erwartungshaltungen zu psychischen Spannungszuständen und in Folge zu

psychsomatischen Erkrankungen der Betroffen führen kann.
Die Übernahme stereotyper Vorstellungsmuster in die eigenen Ansichten
ist die zweite Bewältigungsstrategie.
Autostereotype Verhaltensweisen erzeugen Konformität mit gängigen
Meinungen und vermeiden Konflikte. Sie führen aber auch zu vermindertem
Selbstvertrauen der Betroffen, die sich nur mehr das zutrauen,
was seitens stereotyper Verhaltensvorstellungen von Nichtbehinderten
von ihnen erwartet wird.

blinde Skater

*„Der Behinderte wird in der Regel erzogen, anzuerkennen, was er alles nicht kann.
Die Behindertenpädagogik konzentriert sich ganz auf seine Defekte. Das geht an seiner
Situation vorbei. Denn er muss Vertrauen in seine Fähigkeiten gewinnen. Er muss seinen
Fähigkeiten größere Aufmerksamkeit schenken als seinen Defiziten. Und er muss auch lernen,
sich seine Fähigkeiten nicht von Fremden vorschreiben zu lassen."* (Klee, S. 24).

Hilfe

Die Reduzierung eines Menschen auf seine Defekte erzeugt eine eindimensionale Perspektive
bei Nichtbehinderten. Behinderte werden auf diese Weise zu Defizitwesen degradiert und
ihnen körperliche und seelische Attribute zugewiesen. Bei fast allen Autoren und von mir
befragten Personen spielt das Thema Mitleid eine zentrale Rolle. Mitleid setzt Leid voraus -
der psychologische Stereotyp des Defizitwesens. *„Mitleid ist das Unvermögen, andere Menschen zu lieben. Der Mitleidige akzeptiert sein Gegenüber nicht, er akzeptiert auch dessen
Glücklichsein nicht. Der Mitleidige kann ein noch so guter Mensch sein, er bleibt trotzdem
ein überheblicher Ignorant. Mitleid ist die größte Gemeinheit, zu der wir Menschen fähig
sind. Wir nehmen unseren Opfern ihr Selbstbewußtsein, ihr Glück, wir nehmen ihnen ihre
Menschenwürde."* (Hocke, in: Klee, S. 118).

Behinderten Personen wird vielerorts ad hoc eine Hilfsbedürftigkeit unterstellt, die eigene
Stereotypen bedient und die individuellen Ansprüche der Betroffen ausklammert.
Hilfe wird somit kategorisiert und institutionalisiert, der Standpunkt des Helfers auf einmal
wichtiger als der des Betroffen.
Ein anderes Problem stellt das Spannungsfeld zwischen dem eigenen Anspruch auf größtmögli-
che Selbständigkeit und der Inanspruchnahme von Hilfe dar.
*„Das Angewiesensein auf die Hilfe anderer Menschen und die dadurch bedingte Abhängigkeit
wird von vielen behinderten Menschen als Belastung erlebt. Die Situationen, die dabei als
besonders beeinträchtigend empfunden werden, variieren je nach Art der jeweiligen Lebens-
umstände."* (Hocke, in: Klee, S. 286).
Die Inanspruchnahme fremder Hilfe wird in der Regel dann zum Problem, wenn der Grad der
Anspruchnahme nicht vom Betroffen selbst festgelegt, sondern stereotyp (und mit dem
Anspruch des Helfers auf Dankbarkeit) versehen wird. Diese Entmündigung durch Hilfe ist eine
zentrale Aussage in vielen Erfahrungsberichten beeinträchtigter Menschen.
Deshalb ist im wechselseitigen Umgang konkrete, situationsbezogene Hilfe statt pauschaler
Hilfe erforderlich. Dabei sind Fehler und Missverständnisse, wie in allen menschlichen Situa-
tionen auch, nicht vermeidbar und ein normaler Baustein im Umgang von psychosozialen
Beziehungen. Grundsätzlich bleibt aber festzuhalten, dass Selbständigkeit in allen Bereichen
selbst individuell sensibler Hilfe vorgezogen wird.

1.4 Fördermaßnahmen

Die eben beschriebenen Sachverhalte werfen nun die Frage nach der Art, Umfang und Selbstverständnis von Förderungsmaßnahmen sehbeeinträchtigter Menschen auf.

Dabei ist im Rahmen dieser Arbeit die Frage des Selbstverständnisses von Therapeuten und Pädagogen nicht zu klären. Es geht aber um wichtige Eckpunkte der Förderung, die letztlich auch Auswirkungen auf Planung und Planungsverständnis haben werden.

Als Hintergrundinformation diente neben der genannten Literatur ein Förderungskonzept des Taubblindenzentrums Hannover.

Eckpunkte der Förderung

Zielpunkt aller neueren Konzepte sind im wesentlichen 3 Eckpunkte:
• Förderung der größtmöglichen Selbständigkeit
• Individuelle Betreuung
• Förderung sozialer Kontakte mit Betroffenen und Außenstehenden

Darüber hinaus formulieren Träger konkretere Grundsätze des Umgangs (Auszug aus der Konzeption des Wohnheims für taubblinde Erwachsene, Hannover):
• Gestaltung des normalen Tages- und Jahresrhythmus
• Teilhabe am gesellschaftlichen Leben
• Sicherung der rechtlichen Ansprüche und Regelung behördlicher Angelegenheiten
• Hilfestellung und Beratung im lebenspraktischen Bereich unter Berücksichtigung größtmöglicher Selbständigkeit

Die Förderungsmaßnahmen richten sich nach dem Alter der Betroffenen und möglichen zusätzlichen Beeinträchtigungen. Insofern kann hier nicht differenziert auf die Bedürfnisse eingegangen werden. Das große Ziel der Förderung, selbstbewusste und möglichst selbständige Menschen als selbstverständlichen Teil der Gesellschaft, muss also eine individuelle, bedürfnisorientierte Förderung nach sich ziehen.

Differenzierung der Förderung

Die Schwerpunkte bei Früh- und Späterblindeten sind jedoch anders gewichtet: bei Kindern muss zunächst die in der Regel stattgefundene Entwicklungsverzögerung kompensiert werden (vgl. Bunck). Aufgrund der Reizarmut (besonders bei Mehrfachbeeinträchtigten) muss die Bereitschaft zur Kontaktaufnahme mit der Umwelt angeregt werden. Das heißt, dass zunächst das Selbstverständnis, mit der Umwelt in Kontakt zu treten, gefördert werden muss. Gebhardt verweist auf die Wichtigkeit von „Außenwahrnehmung" als elementares Erlebnis, bei dem das Kind das Setzen eigener und das Akzeptieren fremder Grenzen von Distanz und Nähe lernt.

Späterblindete müssen dagegen erst lernen, dass Körperkontrolle auch mit anderen Sinnesorganen als dem Auge möglich ist. Die zunächst entstehende Verunsicherung der Betroffenen kann nur schrittweise abgebaut werden, indem die „Umorientierung" durch kleine, erfolgreiche Schritte erfolgt. Es folgt der Abschnitt der schrittweisen Selbständigkeit, solange keine anderen schwerwiegenden gesundheitlichen Beeinträchtigungen vorliegen, die dem im Wege stehen.

Scheidewind benennt als Förderungsmaßnahme die Fähigkeit zu Handlungsvollzügen, die die persönliche und soziale Entwicklung des Menschen charakterisieren:

- Fähigkeit zur Zusammenarbeit (als sozial-identifikatorische Komponente)
- Erwerb sinn-haftender Zustandserfahrungen (als bewusstseinsstiftende Komponente)
- Erwerb von Hantierungswissen (als Grenzbereich zwischen sinnlicher Wahrnehmung und Bewusstsein)
- Erwerb von Vorstellungsvermögen (zur räumlichen und sinnlichen Identifikation)
- Erwerb von Wertempfinden (zur sozialen und individuellen Selbstbestimmung)
- Erwerb von Artikulationsfähigkeit (zum Erfassen und Austausch sozialer Diskurse)
- Erwerb von Transferfähigkeit (zur Erfassung einer komplexen Umwelt)

All diese Handlungsvollzüge charakterisieren individuelle Entfaltungsmöglichkeiten und soziale Verhaltensstrategien.
Die Förderung der Zielgruppe ist aber auch von Rahmenbedingungen der sozialen Träger abhängig.
Dies soll im folgenden Abschnitt erläutert werden.

1.5 Schlussfolgerungen

Die vorhergehenden Kapitel legen eine Reihe von Rückschlüssen nahe, die Auswirkungen auf das therapeutische und planerische Selbstverständnis haben müssen. Es wurde dargestellt, wie und in welchem Umfang physische, psychische, soziale und gesellschaftliche Faktoren die Handlungsfähigkeit der von Sehbeeinträchtigungen Betroffenen beeinflussen können. Diese Aussagen haben Auswirkungen auf das Selbstverständnis von Pflege/Betreuung als auch von Planung.

Das Selbstverständnis der Pflege und Betreuung

Durch den Wandel des Behindertenbegriffes in den letzten Jahren muss sich auch das Bild der Betreuung und der rehabilitorischen und therapeutischen Maßnahmen zwangsläufig ändern. *„Mit dem Begriff Selbstbestimmt Leben ist ein neues Denken über das Verhältnis von Behinderung und Gesellschaft verknüpft, die Behinderungen in vielen Bereichen durch vielfältige Diskriminierung erst erzeugt. Damit verbindet sich eine neue Herangehensweise an die Bereitstellung von Dienstleistungen und eine Veränderung der traditionellen Behindertenarbeit und -politik."* (Windisch, Miles-Paul S. 3).

Das traditionelle Verständnis der Sonderpädagogik wird von vielen Kritikern angegriffen: *„Realitätsblind definiert die Sonderpädagogik ‚Behinderung' als einen individuellen Tatbestand, wo Behinderung doch bereits gesellschaftlich definiert ist. Die Sonderpädagogik bringt den Behinderten damit in eine ausweglose Situation. Der Behinderte, mit dem Stigma erwerbsgemindert, aus der Sozialgemeinschaft ausgesondert, soll seine Behinderung als ein individuelles Schicksal begreifen (...). So wird dem Behinderten von der Sonderpädagogik vor Augen geführt, ein Mensch minderer Leistungsqualität zu sein, dem nur noch Almosen und Wohltätigkeit zukommen."* (Klee, S. 12-13).

Die althergebrachte pädagogische Praxis führt also die Stigmatisierung fort und unterstützt die Segregation von Behinderten. Die Planung folgt in der Regel dem gesellschaftlichen und pädagogischen Leitbild. Ein Umdenken kann nur durch eine Veränderung des pädagogischen Leitbildes von einem defizitär definierten zu einem bedarfsorientierten Behindertenbild erreicht werden. Die Veränderung von Berufsquerschnitten im Sozialbereich ist die Folge.
Die Orientierungs- und Mobilitätstrainer sind von ihren Schwerpunkten im Training des motorischen Bereiches und der Umweltwahrnehmung zum Zweck der Orientierung verankert. Zielpunkt therapeutischen Handelns soll die Eigenständigkeit der Betroffenen sein.
Der Sehverlust bringt aber, wie vorhergehend beschrieben, nicht nur den Wahrnehmungsverlust eines Großteils der Umweltinformationen, sondern eine starke Einschränkung der Kommunikationsfähigkeit der Betroffenen mit sich.
Zur Eigenständigkeit gehört aber ebenso der soziale Bereich, sonst sind die Betroffenen zwar mobil, aber isoliert.

Orientierungs- und
Mobilitäts-Training

Francesca und Spellmeier fordern deshalb, kommunikative Fähigkeiten und Techniken im Unterricht verstärkt zu fördern, um die gesellschaftliche und soziale Isolation durchbrechen zu können. Die psycho-sozialen Faktoren als Folge der Sehbeeinträchtigung stellen die O/M-Trainer vor Probleme, da diese Faktoren die Lernfähigkeit, wie dargelegt, entscheidend beeinflussen können. Die Arbeit in diesem Bereich muss also entweder querschnittsorientiert unterstützt werden, oder die O/M-Trainer müssen zusätzlich geschult werden und ein größeres Zeitbudget zu Therapiezwecken erhalten. Hier stellt sich die Frage nach der Versorgungslage und -perspektive im Pflegesektor, um nachfolgend Parameter für eine langfristig erfolgreiche Planung zu entwickeln.

Situation des Pflegesektors

Bei allen Gesprächen mit den für die Pflege Verantwortlichen bei unterschiedlichen Trägern erhielt ich übereinstimmende Auskünfte über die Verknappungen im Pflegebudget.
Die Strategien zur wirtschaftlichen Bewältigung können bei den Trägern unterschiedlich sein: Verknappung des Personals, Umstrukturierung des Pflegebesatzes (weniger qualifizierte Mitarbeiter), Einsparen von Rehabilitationsmaßnahmen oder Pauschalisierung des Rehabilitationsangebotes. Durch Verkürzung der Zivildienstzeiten ist der Einsatz Zivildienstleistender für viele Träger unwirtschaftlich geworden. Die Arbeitsfelder der Zivildienstleistenden in „Graubereichen" (Betreuung, Spaziergänge etc.) sind eingebrochen.

Gleichzeitig sind die Krankheitssymptome der Betroffenen, wie beschrieben, erheblich komplexer geworden und ziehen individuell stark divergierende Bedürfnisse nach sich.
Der Effektivierungsdruck, der auf den Mitarbeitern lastet, zieht drei Konsequenzen nach sich:

1. Erweiterungen des Angebotes vor Ort, die eine gut erreichbare, auf individuelle Bedürfnisse abstimmbare Infrastruktur von Einrichtungen bedeutet.
2. Fremdvergabe bestimmter Leistungen, die von den vor Ort Beschäftigten wenig effektiv ausgestaltet werden können.
3. Größere Gewichtung von Angehörigen und Freunden der Betroffenen an den Rehabilitierungsmaßnahmen, was höhere Anforderungen an Erreichbarkeit und Ambiente der Einrichtungen stellt.

Diese Anforderungen werden durch eine weitere Tendenz im Pflegesektor unterstützt: die steigende Pflegebedürftigkeit von Personen mit anderer ethnisch-kultureller Herkunft, seien es Arbeitsmigranten der ersten und zweiten Gastarbeitergeneration, die nicht in ihre Heimatländer zurückgekehrt sind, seien es Spätaussiedler mit einem inzwischen ganz anderen kulturellen Background. Diese Personen lassen sich nur bedingt in die bisher gängigen Bedürfnisschemata einordnen.

Die Zusammenarbeit mit anderen Trägern oder Einrichtungen kann für Betroffene und Mitarbeiter gleichermaßen positive Auswirkungen nach sich ziehen: Francesca und Spellmeier schlagen vor, dass Blinde und Mitarbeiter aus Freizeiteinrichtungen gemeinsam Treffen organisieren mit verschiedenen positiven Effekten für alle Beteiligten: Aufhebung der Isolation Betroffener, Abbau von Unsicherheiten, Bedürfnissensibilisierung, Aufhebung eindimensionaler Abhängigkeiten.

Das Modell kann auch auf andere Einrichtungen übertragen werden und einen Austausch von Betroffenen, Pflegekräften, Angehörigen und Freunden initiieren.

Der Vorschlag von Francesca und Spellmeier rückt einen bisher wenig beachteten Bereich in die Aufmerksamkeit: den Freizeitbereich.

Freizeitbereich

Freizeit hat im gesellschaftlichen Bereich durch eine zunehmende Flexibilisierung von Arbeit und einer steigenden Individualisierung der Lebensentwürfe einen höheren Stellenwert als zu Zeiten der industriell geprägten Gesellschaft. Freizeit bietet die Möglichkeit der individuellen Entfaltungsmöglichkeit, sowohl im persönlichen, als auch im gemeinschaftlichen Kontext. Das Freizeitverhalten wird natürlich durch den Kontext der Lebenssituation beeinflusst.

Gutschick stellt die These auf, dass im Gegensatz zum „normal"-gesellschaftlichen Freizeitangebot (das z.B. auch durch soziale und ökonomische Bedingungen Schranken schafft, Anm. d. Verf.) das Freizeitangebot für sehbehinderte Personen defizitär ausgebildet ist. Die Folgen sind Nichtausschöpfung individueller Potentiale, Isolation oder Begrenzung der Aktivitäten auf die Gruppe der Gleichgesinnten, infolge der gemachten Erfahrungen Motivationsprobleme und Passivität. Folgende Eckpunkte werden deshalb genannt:

1. Bereitstellung von Freizeiträumen, die auch für Nichtbehinderte zugänglich sind.
2. Infrastrukturelle Maßnahmen auf Stadtteilebene, die Angebot und Erreichbarkeit erweitern.
3. Unterstützung von bestehenden übergreifenden Freizeitinitiativen, u.U. Ergänzung durch Neuschaffungen.

Planung

Das Umdenken im Bereich der Pädagogik und der Freizeitgestaltung, sowie die Situation im Pflegesektor ziehen Konsequenzen für den Planungansatz nach sich.

Folgende Punkte - als Parameter für Planung - sind besonders deutlich zu benennen:

- Öffnung des Areals für andere Betroffene, nahestehende Personen, Interessierte und Neugierige.

- Schaffung von Möglichkeiten zur Kontaktaufnahme und übergreifenden Veranstaltungen.

- Änderung des Benutzerleitbildes: statt der Fokussierung der Defizite der Betroffenen Akzeptieren der Betroffenen als Benutzer mit Ansprüchen und Bedürfnissen. Platt gesagt: selbstverständliche, alltagstaugliche Planung statt „Trainingslager".

- Statt Fokussierung auf den reduzierten Blindenbegriff Förderung sinnlicher und motorischer Fähigkeiten. Dieses in erster Linie, aber keineswegs ausschließlich für die Betroffenen.

- Verschiedene „Schwierigkeitsgrade" in der Erschließung und der Alltagstauglichkeit des Areals, die unterschiedlichen Bedürfnissen, Tagesformen, Lebensentwürfen und kulturellen Hintergründen gerecht werden.

- In der Fachdisziplin der Landschaftsarchitektur und im Sozialbereich ist in den letzten

Jahren die Erkenntnis anhand verschiedener Projekte gereift, dass die sinnliche Auseinandersetzung und die Arbeit im Garten eine Förderung kognitiver Fähigkeiten beinhalten und eine Rehabilitation forcieren können. Voraussetzung ist das Vorhandensein eines geeigneten Gartens (weg von der Bordüre) und im Falle der aktiven Gartenarbeit auch das geeignete Personal (gärtnerische, didaktische und motopädische Qualifikation).

Inwieweit dieses theoretische Modell für die konkrete Planung übernommen werden kann, wird im folgenden zu klären sein.

2. Sinneswahrnehmung und Sinnesbewusstsein

Sinne als Kommunikationsmittel

Die kommunikative Interaktion von Individuen wird über die Sinne wahrgenommen.
Dies geschieht bei Blinden und Sehenden im gleichen Maß, wenn auch mit unterschiedlichen
Gewichtungen.
*„Wahrnehmung - verstanden als das durch persönliche und soziale Faktoren beeinflußte
Erfassen physikalisch-physiologischer Reize - geschieht mittels der Sinnesorgane"*
(Krähenbühl in Seebauer/Züge S.29).

Die vier wichtigsten Sinne sind:

• Gesichtssinn
• Gehörsinn (einschließlich des Gleichgewichtssinnes)
• Geruchssinn und Geschmackssinn
• Tastsinn

Die Sinne werden im folgenden vertiefend behandelt. Die Leistungsfähigkeit der einzelnen
Sinne ist von einer Reihe von Faktoren abhängig: Alter, erbliche Faktoren, Umwelteinflüsse,
Schulung. Die Sinneswahrnehmung unseres Körpers ist aber nicht isoliert zu sehen.
Unser Körper verknüpft unterschiedliche Sinneseindrücke.

Funktion der Sinne

Die Sinne als „Außenstation des Körpers" nehmen Impulse auf und geben sie ans Gehirn
weiter. Die Entschlüsselung der Impulse läuft im Gehirn und nicht in den Sinnesorganen ab.
Das Gehirn verarbeitet die Daten nicht nur, es bewertet Daten, und verknüpft diese mit
gespeicherten Daten. Unsere Sprache enthält eine Reihe von Hinweisen, dass die Sinneswahrnehmung Grundlage eines intellektuellen Erkenntnisprozesses ist: begreifen, überblicken,
handhaben. Es findet also mehr statt als die Aufnahme von physikalischen Reizen; Speiche-
rung, Verknüpfung und Bewertung sind Grundvoraussetzungen der z.T. unbewussten Bewertung von Wahrnehmung, also Grundlage des Handelns. Wirklichkeit ist also kein objektiver
Tatbestand, sondern durch subjektive Erfahrungen geprägte Aufnahme und Bewertung von
Reizen.

2.1 Die Sinne

Gesichtssinn - visuelle Wahrnehmung

Der Sehsinn ist der wichtigste Sinn im Bereich der Umweltwahrnehmung. Laut Reinartz kann man von einer steten Beteiligung der optischen Wahrnehmung an jeder menschlichen Handlung ausgehen. Der Sehsinn erfüllt im wesentlichen zwei Aufgaben: Orientierung im Raum und Kommunikation. Es können räumliche Zusammenhänge, Bewegungen, Helligkeiten und Farben wahrgenommen werden. Zur Übermittlung der Sehimpulse ins Gehirn stehen 1,7 Millionen Neuronen zur Verfügung - d.h. 2/3 der Nervenbahnen zum Gehirn sind optische Nerven. Die Speicherkapazität des Gehirns wird bei Sehenden „optisch dominiert", z.B. ist die Farberinnerungsrate höher als die Formerinnerungsrate.

Aufbau des Auges

Das Auge besteht aus drei Hüllen und drei Räumen. Hinzu kommen Augenlider, Tränendrüsen, Tränenkanäle, Augenmuskeln und -nerven sowie Gefäße.
Die äußere Haut besteht aus der durchsichtigen Hornhaut, die in erster Linie äußere Schutz- und Stabilitätsfunktionen übernimmt, und der undurchsichtigen Lederhaut, die Streulicht abhält, also den optischen Vorgang vor Störungen schützt.
Die mittlere Haut besteht aus Regenbogenhaut und Strahlkörper. Die Regulierung des Lichteinfalls und die Versorgung der Netzhaut sind deren vornehmliche Aufgaben.
Die innere Haut ist als Netzhaut, die die optischen Sinneszellen enthält, definiert.
Sie dient der Reizaufnahme und -übertragung.
Die Sinneszellen werden unterschieden in Zapfen und Stäbchen.
Die Gruppe der Zapfen dient der Hell-Dunkel-Wahrnehmung und dem Farbsehen.
Die Stäbchen übernehmen die Funktion des Bewegungs- und Dämmerungssehen.
Die vordere Augenkammer, die zwischen Iris, Linse und Hornhaut liegt, übernimmt optische Aufgaben. Die hintere Augenkammer erzeugt das Kammerwasser, das die Verklebung von Iris und Linse verhindert. Der gallertgefüllte Glaskörper erfüllt in erster Linie optische und stabilisatorische Aufgaben.

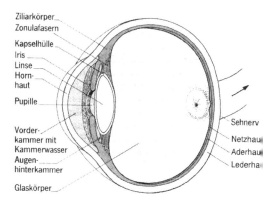

Aufbau des Auges

Sehvorgang

Der Sehvorgang beruht auf einem einfachen optischen Prinzip: durch Addition aller brechenden Oberflächen des Auges können Knoten- und Hauptpunkte bewegt und vereint werden.

„Bei Fixierung eines Punktes in nicht zu nahem Abstand vom Auge werden die von diesem Punkt herkommenden Strahlen im Bereich der Sehgrube vereinigt. Gegenstände, die fixiert werden, ergeben auf der Netzhaut ein umgekehrtes Bild." (Mörike/Betz/Mergenthaler 14.8.5.).

Die Fixierung von Gegenständen unterschiedlicher Distanz werden vom Auge durch das Krümmen der Linsenoberfläche erzeugt. Bei der Fernfixierung ist die Oberfläche stärker gekrümmt als bei der Nahfixierung.

Verwertung optischer Informationen

Die Netzhautzellen geben die eintreffenden Signale als elektrischen Impuls in den Nervenbahnen an das Gehirn ab. Untersuchungen bei Säuglingen haben ergeben, dass der optische Reiz unverändert das Hirn erreicht, das Bild also auf dem Kopf steht. Erst nach einiger Zeit wird das Bild „umgedreht".

Bei sehbehinderten Menschen sind aufgrund des hohen Informationsgehaltes optischer Wahrnehmung kleine Sehreste sehr wichtig. Wie im vorhergehenden Kapitel beschrieben, sind bei Seheinschränkungen in der Regel nicht alle Sinneszellen betroffen - Einschränkungen von Hell-Dunkel- und Bewegungswahrnehmung beinhalten nicht eine Einschränkung des Farbsinns.

Optisches Erinnerungsvermögen bei Jugend-, Spät- und Altersblinden

Bei dieser Zielgruppe sind wesentliche Sinneserfahrungen bis zum Zeitpunkt der Sehbeeinträchtigung optisch dominiert worden. Dementsprechend gut ist das räumliche Vorstellungsvermögen ausgeprägt, da räumliche Begriffe noch mit einer gespeicherten optischen Information verknüpft werden können. Das farbliche Erinnerungsvermögen ist ähnlich gut ausgeprägt.

„*Wenn mir jemand eine Farbe nennt, sehe ich sie in Gedanken vor mir. Problematisch wird es bei Farbmischungen, z.B. Pink, Lind- oder Mintgrün, lachsfarben. Manche moderne Farbbezeichnung muss mir jemand in die Sprache der sechziger oder siebziger Jahre übersetzen*" (I. Engel, Blindenjahrbuch 1998, S. 38).
„*Oft werde ich gefragt, ob ich in meinen Träumen sehen kann. Darauf antworte ich mit einem klaren „Ja". Die zweite Frage, die sich daran anschließt, ist: kannst Du in deinen Träumen Farben sehen? Auch hier lautet die Antwort „Ja'. Diese Träume sind meist so intensiv, daß ich mich nach dem Erwachen daran erinnere.*" (I. Engel ebenda).

Das räumliche und farbliche Vorstellungsvermögen verblasst zwar im Laufe der Zeit etwas oder ist kulturellen Wandlungen und Missverständnissen unterworfen. Jedoch bleibt ein bedeutender Rest, der in die Vorstellungswelt hineinragt, erhalten.

Gehörsinn - akustische Sinneswahrnehmung

Definition: Hören ist die Fähigkeit, über Gehörorgane Schallwellen wahrzunehmen.
Als Schallwellen bezeichnet man mechanische Schwingungen eines Objektes, die von einer Quelle ausgehen.

Das menschliche Gehör kann Schallwellen in einem Frequenzbereich zwischen 16 und 20000 Hertz empfangen. Die Schallleitung findet in allen Aggregatzuständen von Stoffen statt. Feste Stoffe leiten Schall besser als Flüssigkeiten, diese leiten wiederum besser als gasförmige Stoffe.

Das Sinnesorgan Ohr beherbergt zwei Sinne: den Gehörsinn und den Gleichgewichtssinn. Im Innenohr sind die Schnecke, das Organ des Hörens, und der Vestibularapparat, das Gleichgewichtorgan angesiedelt.

Zum Gehörorgan gehören drei Teile:

• das Außenohr, quasi ein Schallempfänger nach dem Trichterprinzip
• das Mittelohr, das die Reize weiterleitet und verstärkt
• das Innenohr, das eigentliche Hörorgan, das Reize in elektrische Impulse umwandelt

Der Weg des Schalls

Der Schall gelangt über das Außenohr zum Trommelfell, das in Schwingungen versetzt wird. Der Schall wird Mithilfe dieser Schwingungen in das Mittelohr geleitet, das anhand der drei Gehörknöchelchen Hammer, Amboss und Steigbügel, die mit einer Membran verbunden sind (dem ovalen Fenster), den Schall verstärkt. Hinter dieser Membran befindet sich ein Raum, der mit einer Flüssigkeit gefüllt ist, die nun ihrerseits bewegt wird. Im Innenohr befindliche Härchen werden durch die Verlagerung der Flüssigkeit stimuliert und leiten Nervenimpulse an das Gehirn weiter.

Gleichgewichtssinn

Das Gleichgewichtsorgan ist im Prinzip wie eine dreidimensionale Wasserwaage aufgebaut: rechtwinklig im Raum liegende Bogengänge sind mit Flüssigkeit gefüllt. Härchen an den Seitenwänden werden, entsprechend der Verlagerung der Flüssigkeit, gereizt und geben Impulse an das Gehirn weiter. Folgende Informationen werden verarbeitet: Drehung, Beschleunigung, Verlangsamung, Vibration. Unterstützt wird der Gleichgewichtssinn beim Sehenden durch visuelle Überprüfung. Täuschungen treten dann auf, wenn das Sinnesorgan durch Reizüberflutung nicht adäquat eingesetzt werden kann (z.B. bei einer Karussellfahrt). Auch optische Täuschungen sind möglich, wie z.B. die Fehlinterpretation, dass der eigene Zug losfährt, obwohl sich der Nachbarzug in Bewegung gesetzt hat.

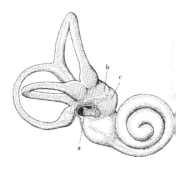

Hör- und Gleichgewichtsorgan des Menschen

Körper als Resonanzkörper

Der Schall wird nicht nur durch das Ohr übertragen, sondern ist auch anhand von Vibrationen spürbar. Somit ist der ganze Körper Wahrnehmungsorgan. Das erklärt z.B. auch den Hinweis der Heimleiterin des Taubblindenheimes in Radeberg, bei einer Musikveranstaltung hätten Taubblinde auf Musik reagiert und „getanzt". Der Körper dient z.B. auch als Resonanzkörper - man denke an die eigene Stimme.

Dass die Haut als Sinnesorgan akustische Unterschiede erkennen kann, bewies Nathan in Versuchen mit Testpersonen, denen Stimmgabeln mit unterschiedlichen Frequenzen an die Haut gehalten wurden. Von den Testpersonen konnten verschiedene Frequenzen erkannt werden.

Der Mensch interpretiert Töne

Die Wahrnehmung von aktuellen Tönen wird mit der Erinnerung der bereits gespeicherten Klangbilder verglichen. Das heißt, es existiert keine Wahrnehmung unisono, sondern eine Interpretation über Vergleich. Ähnlich funktioniert übrigens auch das Lesen: wir lesen nicht einzelne Buchstaben, die wir dann mühsam verknüpfen, sondern wir vergleichen und interpretieren Worte und Wortcluster mit vorhandenen, gespeicherten Informationen.

Schall als Orientierungsquelle

Bei blinden Menschen ist der Hörsinn neben dem Tastsinn der wichtigste Sinn zur Orientierung. Mit diesem Sinn ist die Fernorientierung im Raum möglich.
Objekte senden nicht nur Schall aus, sie reflektieren auch Schall. Oberflächen werfen je nach Strukturierung (hart/weich; glatt/strukturiert; etc.) den Schall unterschiedlich zurück.

Auf diese Weise ist bei geschulten Blinden eine einfache Orientierung im Raum möglich. Grundsätzlich gilt, dass harte Flächen leichter erkannt werden können als strukturierte und amorphe Flächen: der Schall wird zu oft gebrochen.

Das Phänomen der Klangbeeinflussung durch das Wetter ist auch uns Sehenden bekannt: Die Akustik verändert sich. Grund ist der Gehalt der Luftfeuchte und die Windgeschwindigkeit. Auf diese Weise nehmen wir bei bestimmten Wetterlagen Umweltgeräusche wahr, die sonst nicht oder vom Klangbild unterschiedlich aufgenommen werden.
Mithilfe des Blindentaststockes und metallenen Absätzen sind Blinde nicht nur passiv auf Schallquellen angewiesen, sondern können sich aktiv orientieren.
Die Schallrichtung kann ebenfalls wahrgenommen werden: durch das zeitlich versetzte Erreichen der beiden Ohren (es handelt sich um Sekundenbruchteile) kann die Schallquelle im Raum geortet werden.
Distanzen können analysiert werden: Töne ändern Frequenz und Klangqualität je nach Entfernung. Der Ton wird durch die Brechung der sich im Raum befindenden Objekte undeutlicher.
Blinde und Taubblinde können sich bedingt Mithilfe der durch die Schallwellen erzeugten Vibrationen orientieren (Straßenbahn, Zug). Allerdings müssen die Vibrationen schon eine erhebliche Stärke haben, um die Quelle orten zu können.

Der Tastsinn - taktile Wahrnehmung

Definition: Tastsinn beschreibt die Fähigkeit der Haut, Empfindungen durch Berührung wahrzunehmen.
Unter den Oberbegriff Tastsinn fallen eigentlich drei Sinneswahrnehmungen: Drucksinn, Vibrationssinn und der raumbildende Bewegungssinn.
Wichtigstes Medium der haptisch-taktilen Wahrnehmung sind die Finger. Mit einer hohen Dichte an Wahrnehmungszellen sind auch Lippen und Zunge ausgestattet.

„Als Hauptorgan zur Gewinnung des Tastraumes dient die Hand, und zwar: die ruhende (synthetisches Tasten, die umschließende, wobei die Lagestellung der gekrümmten Hand von Bedeutung ist) und die bewegte Hand (analysierendes Tasten)." (Henz, S. 7).
Die Haut kann unterschiedliche Empfindungen unterscheiden: Temperatur, Druck, Schmerz. Rezeptoren sind für die Wahrnehmung der unterschiedlichen Reizimpulse zuständig.

Man unterscheidet Mechanorezeptoren, Schmerzrezeptoren und Thermorezeptoren. Mechanorezeptoren registrieren Deformationen auf der Hautoberfläche. Es existieren Rezeptoren für leichten, schweren und schwankenden Druck.

Auf der Hautoberfläche sind etwa 600.000 druckempfindliche Hautstellen nachgewiesen (vgl. Gräflich, S.26).

Auf der Hand verteilt sind 23 Druckpunkte/mm², die Hand besitzt ca. 15.000 Druckpunkte.

Erregungshemmung: bei Erregung eines Rezeptors werden die benachbarten Rezeptoren blockiert. Auf diese Weise ist ein punktgenaues Fühlen und Tasten möglich, das sonst bei kleinen Punkten unmöglich würde.

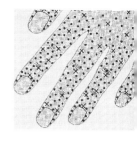

Wärme- und Kälterezeptoren an der Hand

Die Blindenschrift Braille macht sich dieses Prinzip zunutze.

Der Punktabstand schwankt zwischen 2,5 - 3 mm.

Schmerzrezeptoren sind in fast jedem unserer Organe vorhanden. Sie bilden ein Warnsystem in unserem Körper.

Es können zwei Schmerzarten unterschieden werden: schnell übertragbarer („heller") Schmerz, z.B. bei Verbrennungen und Schnittwunden und langsam übertragbarer („dunkler") Schmerz, wie bei Prellungen und Gliederschmerzen.

Thermorezeptoren nennt man Nervenfasern, die entweder bei warmen oder bei kalten Reizen reagieren.

Lesen von Brailleschrift

Die Thermopunkte befinden sich auf der Haut und den Schleimhäuten von Mund, Nase, Kehlkopf und Speiseröhre. Im Durchschnitt finden sich auf 1 cm² Haut 12 Kälte- und zwei Wärmepunkte. Hitze wird durch das Ansprechen von Wärme- und Kälterezeptoren signalisiert. Die Intensität der Wahrnehmung richtet sich nach der gereizten Fläche.

Ein warmes Vollbad z.B. wird intensiver erlebt als ein warmes Fußbad. Bei der Wärmewahrnehmung können kurzzeitige Irritationen auftreten. Selbstversuch: wird die Hand von heißem Wasser in lauwarmes Wasser getaucht, empfinden wir das Wasser als kühl. Ein Test mit der anderen Hand beweist die Wahrnehmungsdifferenz. Die thermische Behaglichkeit liegt in der Regel zwischen 22 und 27 Grad Celsius, schwankt aber von Person zu Person.

Die Rolle des Tastsinnes

Das griechische Wort *haptomai*, aus dem sich der Begriff der Haptik entwickelte, hat zunächst zwei Bedeutungsstränge: 1. anfassen, ergreifen und 2. sich anheften. Letzterer Begriff geht über die eigentliche Berührung hinaus und bezeichnet das Zusammenspiel sensorischer Erfahrung und kognitiver Prozesse.

Bei Jean Cocteau und Helen Keller finden sich Beschreibungen, in denen die Assoziation und das Erinnern an zurückliegende und einprägsame Lebenssituationen durch haptische Erfahrungen beschrieben werden. *„Die Hautsinne haben als Wahrnehmung ‚objektiv- somatischen Doppelcharakter'. Bezieht man die kognitive Bedeutungskomponente mit ein, so schwingen in jeder Wahrnehmung die Erinnerungen der ganzen Biographie mit."* (Achilles, S. 32).

Besonders im frühkindlichen Alter spielt der Tastsinn, unabhängig ob bei blinden oder sehenden Kindern, eine wichtige Rolle. Die Umgebung wird „begriffen". Jean Piaget spricht in diesem Zusammenhang von der „sensomotorischen Intelligenz". Durch haptische Erfahrungen, die nicht nur auf die Hände beschränkt sind, entwickelt sich der Mensch zu einem sozialen Wesen.

„Die Verschränkung von Vergegenständlichung und Verkörperlichung, die Ambivalenz von Angst, Überraschung, Entgrenzung und Intimität, Geborgenheit, Begrenzung erläutern die Funktion des Tastsinnes als einen Modus, Identität zu erleben. Der Begriff der Identität wurde von dem Psychoanalytiker Erikson entwickelt. Er ging davon aus, daß der menschliche Lebenszyklus in Phasen verläuft, die aus Zusammenwirken von soziokulturellen und psychosexuellen Kräften individuell gestaltet werden. (...) In den frühen Phasen werden die kulturspezifischen Modi des Erlebens besonders über haptische Erfahrungen vermittelt. Einverleiben, Festhalten, Loslassen, Eindringen sind Aktivitäten des Kindes, die in der Begegnung mit Erwachsenen geformt werden. Auf dieser Basis bildet sich mit der Adoleszenz eine psychosoziale Identität heraus." (Achilles, S. 34).

Hensel spricht in Bezug auf das taktile Wahrnehmungsvermögen von cutaner Wahrnehmung. Die Haut selbst wird als Wahrnehmungsorgan begriffen.
Zwar weisen einige Körperteile eine erhöhte Sensibilität auf, aber grundsätzlich ist die gesamte Haut Sinnesorgan. Ungerer verweist in diesem Zusammenhang auf einen „Sinneswandel". Was z.B. in der chinesichen Medizin schon lange bekannt ist, wird auch in Westeuropa erkannt: die Füße dienen nicht nur der Fortbewegung, sondern sind ein sensibles Wahrnehmungsorgan.

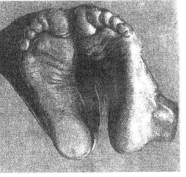

Füße als Wahrnehmmgsorgan bei Albrecht Dürer

Dass dem Tastsinn auch eine kommunikative Zweckbestimmung innewohnt, ist bekannt. Bei Taubblinden spielt er eine zentrale Rolle in der Kommunikation: die Sprache der Taubblinden, das Lormen, macht sich die hohe Tastsensibilität der Hände zunutze, indem verschiedene Zonen der Hand mit Buchstaben und Zahlen belegt sind. Man spricht auch vom „in die Hand buchstabieren". Tasten dient bei Blinden und Taubblinden zur Orientierung: das zweidimensionale Ertasten eines Gegenstandes in Verbindung mit Bewegung ergibt ein dreidimensionales Raumempfinden. Voraussetzung dafür ist allerdings, dass das Objekt in Bezug auf Höhe und Ausdehnung ein Ertasten zulässt.

Zur Wiedererkennung ertasten viele Blinde und Taubblinde ihr Gegenüber, was bei manchen Sehenden zunächst auf Unbehagen stößt, da dieses Verhalten als ein Eindringen in die Privatsphäre der Sehenden gedeutet wird.

Der Geruchsinn - olfaktorische Wahrnehmung

Definition: als Geruchsinn bezeichnet man die Fähigkeit, Duftmoleküle durch Sinneszellen in der Nasenschleimhaut zu erkennen. Geruchs- und Geschmackssinn liegen dicht beieinander. Entwicklungsphysiologisch gehört der Geruchs- und Geschmackssinn zu den ältesten Sinnen. Die beiden Großhirnhälften entwickelten sich erst später.

Chemorezeptoren im Nahrungskanal lassen sich auch bei primitiven Lebensformen nachweisen. Bei höher entwickelten Lebewesen „wanderten" die Duftrezeptoren in die Nasenhöhle. Viele Tiere (und bisweilen auch Menschen - Anm. des Verfassers) sind in der Orientierung und Fortpflanzung geruchsgesteuert.

Funktion des Geruchssinnes

Wir unterscheiden äußere und innere Geruchsorgane:
die Nase ist das äußere Geruchsorgan, die Riechschleimhaut in der hinteren Nasenhöhle das innere Geruchsorgan.
Die Nasenhöhle ist durch einen Kanal mit dem Mundraum verbunden.
Deshalb kann Nahrung, die sich im Mundraum befindet, noch gerochen werden.
Ca. 10 Milliarden Riechnervenzellen hat man nachweisen können.

Die Nervenzellen sind ihrerseits wieder auf bestimmte Gerüche „programmiert": an den Sinneszellen befinden sich Flimmerhärchen, die so unterschiedlich aufgebaut sind, dass das passende Duftmolekül sich exakt einpasst.

„Von den Nervenzellen werden diese Informationen über den Riechkolben an das limbische System weitergeleitet. Das ist die Schaltzentrale des Gehirns, wo Duftreize die Ausschüttung von neurochemischen Stoffen bewirken. (...) Im limbischen System liegen auch die Lagepläne des Seelenlebens verborgen, die Stimmungen, Erinnerungen, Sympathien und Abneigungen erzeugen."
(Seebauer/Züge, S.37).
Die Nasenschleimhaut ist die einzige Fläche, bei der die Nervenzellen direkt mit dem Außen in Kontakt treten.

Mönchsbildnis,
Chatreuse de
Champmol,
14. Jhd.

Geruch und Verhalten

Wir unterscheiden ungefähr 20-30 Primärgerüche, die in Mischungen und Nuancen 2000-3000 Gerüche ergeben. Bei Überreizung der Rezeptoren wird der Geruchssinn der Nase für kurze Zeit blockiert, um eine permanente Überlastung zu vermeiden. Geruch als Kommunikationsmittel bestimmt das Distanzverhalten der Menschen untereinander.
Hall unterscheidet vier Distanzzonen:

- öffentliche Distanz (7,50 m und mehr)
- soziale Distanz (3,60 m)
- persönliche Distanz (1,20 m)
- intime Distanz (0,45 m)

Als erwiesen gilt die These, dass nicht alle Informationen über Gerüche, die unser Gehirn erreichen, ins Bewusstsein dringen. Der Ausdruck „Jemanden nicht riechen können" beschreibt diesen Zustand. Ich lehne jemanden aufgrund von Eigenschaften ab, die ich wahrgenommen habe, aber nicht erklären kann. In der Regel werden Gerüche in Worte gefasst, die assoziativen Charakter haben, aber selten sich selbst erklären oder eigenständige olfaktorische Synonyme bilden.

Die oben genannten Zahlen sind in Bezug auf Westeuropäer entstanden. Es existieren in Bezug auf Geruchswahrnehmung und Distanzverhalten eine Vielzahl kultureller Codes.
Drei Codes seien hier genannt:

- Zur sozialen Charakterisierung: Geruch fungiert über Signalstoffe als sozialer Indikator.
- Zur Wertsteigerung: Einsatz von Signalmitteln zur Kenntlichmachung unterschiedlicher Räume, z.B. Weihrauch für sakrale Räume.
- Als identitätsstiftendes Element: Genussmittel wie Tabak oder Kaffee fördern oder verhindern Gruppenzugehörigkeit.

Duft als Gestaltungsmittel

Zur Orientierung spielt der olfaktorische Sinn eine untergeordnete Rolle, weil er abhängig von Faktoren wie Tages- und Jahreszeit ist - „Duft ist Farbe" (Ruth Zacharias, Heimleiterin „Villa Storchennest").
Für die Wahrnehmung und Nuancierung von Gärten ist der Duft für Blinde, und noch in stärkerem Maße für Taubblinde unerlässlich.
„Mit dem vielfältigen Duftangebot der Pflanzenwelt eröffnet sich ein breitangelegtes Spektrum an Einsatzmöglichkeiten, um der beruhigenden oder stimulierenden Wirkung der Wohlgerüche Raum zu schaffen. Wie bereits erwähnt, ist der Geruchssinn eng mit dem limbischen System verbunden, weshalb Düfte auf Gefühle, Stimmungen und Motivationen des Menschen unmittelbar Einfluss haben." (Seebauer/Züge, S. 94).

Auf eine Übersättigung und infolgedessen Abstumpfung des Geruchssinnes nach 15-20 Minuten bei intensiven Geruchsempfindungen verweist Susanne Fischer-Rizzi.
Zur Resensibilisierung des Geruchssinnes genügen aber schon kurze Pausen. Dies ist - gerade im Zusammenhang mit Duft als Garten - in die Planung miteinzubeziehen.

„Beim Zusammentragen dieser Beispiele wird deutlich, dass Gerüche beim Menschen eine viel weiterreichende Rolle spielen, als man gemeinhin annimmt, und vielseitige und vielschichtige Wirkungen auf unser Verhalten und unsere Stimmungen ausüben. Sie sind vielleicht sogar wesentlich bei der Etablierung wichtiger Erfahrungen. (...) Es lohnte sich jedoch wohl auch darüber nachzudenken, wie wir heute mit unserem Geruchssinn und unserer Geruchswelt umgehen. In unserer naiven Lust an angenehmen und unserer Abscheu vor schlechten Gerüchen überschwemmen wir mit enormen technischem und finanziellem Aufwand unsere Umgebung durch applizierte Gerüche. Wir sind es jedoch weder gewohnt noch sind wir so recht in der Lage, diese Geruchswelt bewußt zu kontrollieren und die Auswirkungen ihrer Reizflut abzuschätzen" (Boekh, S. 27).
Was das Thema (virtuelle) Reizüberflutung angeht (nichts anderes beschreibt Boekh), so wird im folgenden Kapitel im Abschnitt Raumwahrnehmung darauf vertiefend eingegangen.

Anmerkung zur Intuition

In der ausgewerteten Literatur taucht bei einigen Autoren auch der Begriff der intuitiven Sinneswahrnehmung auf, die in erster Linie auf räumliche Strukturen, z.B. Hindernisse, anspricht. Im alltäglichen Sprachgebrauch wird dieser Sinn der „6. Sinn" genannt. Wissenschaftlich ist dieser Sinn aber bis heute nicht belegbar. Dennoch gibt es in der Literatur Hinweise auf eine solche Sinneswahrnehmung.

Bill Irwin, in der Mitte des Lebens erblindet, beschreibt dieses Phänomen auf dem Appalachian Trail in den USA, den er und sein Blindenhund Orient in seiner ganzen Länge durchwanderten:

„Oft war ich mir einer Person oder eines Gegenstandes in meiner Nähe bewußt, obwohl ich sie nicht sehen konnte. Aus der Kombination von Geräusch, Hautsensibilität und Geruch ergibt sich eine Art sechster Sinn, auf den ich mich immer stärker verließ.
Ich wußte, ob ich unter tiefhängenden Zweigen oder unter hohen Bäumen ging. Eine große Steilwand nahm ich anders wahr als den leeren Raum unter einem Felsvorsprung. (...) An diesem sechsten Sinn lag es, daß ich manchmal den Arm ausstreckte, um einen Baum oder einen Felsen zu berühren, die ich nicht sehen konnte, von denen ich aber wußte, daß sie da waren." (Irwin, S.72).

Auffällig bei dieser Schilderung ist der zeitliche Aspekt: zu Beginn der Reise scheint dieser Sinn noch nicht ausgeprägt zu sein - er scheint zu wachsen oder eine „Vorlaufzeit" zu benötigen. Ob diese Wahrnehmung in jedem Fall stimmt, ist ebenfalls nicht zu klären.

Aber selbst, wenn wir annehmen, dass es so etwas wie eine intuitive Wahrnehmung geben kann, so ist sie zum einen nur mit einem „Übungszeitraum" verbunden, funktioniert nicht bei starker Ablenkung und ist nur bei Personen mit voller kognitiver Leistungsfähigkeit zu bemerken. Dadurch gilt dieser „Sinn" nicht für alle Personen gleichermaßen und kann nicht bindend in die Planung einbezogen werden.

Da aber nur ein Bruchteil der eingehenden Informationen unser Bewusstsein erreicht, ist auch eine Informationsbewertung auf einer unbewussten Ebene des Menschen denkbar. Die Komplexität der Sinneswahrnehmung, ob in diesem Fall möglich oder nicht, leitet auf das nächste Kapitel über.

2.2 Wechselwirkungen und Verknüpfungen

Unsere Sinneserfahrungen sind eingebunden in das neurale Netzwerk, ein kompliziertes System aus Folge- und Wechselwirkungen. Das Gehirn nimmt nicht nur die Impulse der Sinne auf und vermittelt, es bewertet, gewichtet und gibt seinerseits Impulse an Organe weiter und zurück.

Reflexe

Unbedingte Reflexe

Einfache Zuordnungsmechanismen von Reizaufnahme und ausgelöster Bewegung nennt man unbedingte Reflexe. Hier findet eine Informationsverknüpfung auf einfacher Ebene statt. Beim Gleichgewichtssinn wird die eingegangene Information automatisch als Impuls an die Muskelfasern umgeleitet, um Schwerpunktänderungen auszugleichen. Ansonsten würden wir andauernd fallen, torkeln usw.

Das Gehirn entscheidet zwischen hellem und dunklem Schmerz. Bei hellem Schmerz werden Muskelkontraktionen ausgelöst, die das gefährdete Organ aus der Gefahrenzone befördern. Bei dunklem Schmerz wird das betroffene Organ „ruhiggestellt".

„Auf anderer Ebene finden wir das gleiche Prinzip in den Auslöse- und Ablaufmechanismen der Instinkte wieder. Der angeborene Auslösemechanismus ist eine angeborene „Kenntnis" über Umweltbedingungen, die eine bestimmte Bedeutung haben und ein zweckentsprechendes Handeln erfordern." (Miram, S. 100).

Bedingte Reflexe

Im Unterschied zu den unbedingten Reflexen ist eine Erfahrungsverarbeitung Grundlage der bedingten Reflexe. Iwan Pawlow erforschte diesen Körpermechanismus an Hunden, indem er die Fütterung von Hunden mit einem Glockenton verband. Nach einiger Zeit reagierten die Hunde auf den bloßen Glockenton mit Speichelabsonderung, was vor dem Versuch undenkbar gewesen wäre. Auslösender Reiz ist also der Glockenton.

Dies ist aber nur mit einer Erfahrungsverknüpfung möglich. *„Andere Formen des Lernens, die besonders bei Wirbeltieren entstanden sind, bezeichnet man als Gewöhnung (Abbau eines Verhaltens bei wiederholter Darbietung des Reizes), Nachahmung (Sozialisation bei Vögeln und Säugern) und Prägung (die besonders nachhaltige Fixierung von Gedächtnisinhalten bei Jungtieren in Verbindung mit bestimmten Instinkthandlungen)."* (Miram, S. 101).

Schutz vor Überlastung

In unserer Umwelt können in Sekundenbruchteilen Millionen unterschiedlichster Reize wahrgenommen werden. Würden alle diese Informationen weitergeleitet, hätte dies unweigerlich den Zusammenbruch des neuralen Netzes schon nach kürzester Zeit zur Folge. Der Körper verfügt also offensichtlich über Schutzvorrichtungen.

Eine erste Schutzvorrichtung stellen die Synapsen dar. Die Synapsen an den Nervenenden entscheiden aufgrund der Intensität des elektromagnetischen Signals, ob der Reiz weitergeleitet wird oder nicht- eine Präventivmaßnahme gegen Reizüberflutung, gewissermaßen ein „Filtereffekt".

Ein zweiter Faktor ist das bewusste Eintauchen in ein bestimmtes Reizschema bei gleichzeitiger Ausklammerung anderer Reize - das Konzentrieren.

Hier werden Reize durchaus noch aufgenommen, aber nicht mehr im Bewusstsein registriert. Viele Entspannungstechniken beruhen auf dieser Fähigkeit.

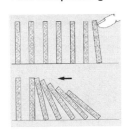

Aber auch unsere Wahrnehmung bedient sich dieses Schemas. Würden wir alles gleichgewichtig aufnehmen, könnten wir keine bewussten Handlungen vornehmen und in kürzester Zeit „heißlaufen".

Die dritte Maßnahme ist schon vorher kurz beschrieben worden - der Faktor der Gewöhnung bei wiederkehrenden Reizen.

Das Prinzip beruht auf der Verknüpfung von Reiz und erfahrener, gespeicherter Emotion. Bei Gewöhnung findet keine explizite Überlagerung mehr statt - es entsteht „Normalität".

Prinzip der Reizschwellen

Lernvorgänge zur Orientierung

Der Mensch beginnt schon im Säuglingsalter, Reize aufzunehmen, zu speichern, einzuordnen (Wissenschaftler gehen inzwischen davon aus, dass dies bereits in der embryonalen Phase passiert). Die Fähigkeit begleitet ihn ein Leben lang - zwar lässt diese Fähigkeit im Alter nach und weicht in starkem Maß der „Ausübung" des vorhandenen Potentials, aber sie ist noch durchaus leistungsfähig. Auf diese Weise ist es uns möglich, sich auf ständig wandelnde Umweltbedingungen einzustellen. Geräuschimpulse werden im Gehirn mit den gespeicherten Informationen verglichen und als Erkenntnis weitergeleitet. So entsteht z.B. das Geräusch Auto. Gefahrensituationen werden durch Abstraktion entschärft - denn letztlich ist es egal, ob sich mir ein Golf GTI mit Boxermotor oder ein Volvo nähert - ich muss „Auto" erkennen und reagieren.

Die Dechiffrierung von Zeichen

Viele Dinge werden nicht an sich, sondern durch Zeichen und Symbole wahrgenommen. Auch hier ist der Grundstein der Dechiffrierung der Erfahrungs- und Verknüpfungsprozess: die Sirene, die Pausenglocke in der Schule, die angenehme Emotionen nach sich zieht, Meister Propper als Sinnbild der Putzmittel, usw. Neuronen, die Reizübermittler, sind spezialisiert, sprechen also nur auf bestimmte Reize an. Melser vergleicht die Neuronen mit einem Glasfaserkabel, das aus Millionen von Einzelsträngen besteht, die nur bei einem bestimmten Impuls aufleuchten. So ergeben sich bei jedem Reiz unterschiedliche Konstellationen. Dennoch sind wir durch die Ähnlichkeit beim „Aufleuchten" in der Lage, Reize, die sich graduell unterscheiden, zu abstrahieren und wiederzuerkennen.

Das Gehirn mischt kräftig mit

Zu Beginn eines Planerstudiums an der Gesamthochschule Kassel bemühen sich die Dozenten verzweifelt, Studenten das Zeichnen beizubringen. Dabei geht es unter anderem darum, das, was wir sehen, zu zeichnen - und nicht den Begriff, den wir im Kopf haben mit dem zugehörigen Bild. Das verdeutlicht die enge Verknüpfung von optischen Reizen, symbolischem Erinnern und der zugehörigen Bilder. Wir sehen nicht, wir filtern Gesehenes durch den Speicher unseres Gedächtnisses, das mit Erlerntem, Emotionen etc. gefüllt ist.

Ein weiteres Beispiel für die kognitive Verflechtung unterschiedlicher Reize liefert die taub-blinde Helen Keller. Sie beschreibt ihr erstes Gewittererlebnis in freier Natur.

„*Plötzlich ging eine Veränderung im Baum vor. Alle Sonnenwärme verschwand aus der Luft. Ich wußte, daß der Himmel schwarz überzogen war, weil alle Hitze, die für mich Licht bedeutete, verschwunden war. Ein seltsamer Geruch stieg aus der Erde empor. (...) Eine unheilverkündende Stille trat ein, dann aber begannen sich alle Zweige zu bewegen.*" (Keller, S. 35).

Schemaerkennung

Hier wird deutlich, wie unterschiedliche Sinneseindrücke miteinander verknüpft und bewertet werden.
Plötzlich eintretende Kühle = Lichtverlust = Wolken + anderer Geruch + Abfolge Stille und starker Wind = Gewitter. Der Gewittergeruch war ihr bereits bekannt; man kann sich diese kognitive Leistung aber ebenfalls ohne die Vorkenntnisse vorstellen.
Die Auffassung, Reize werden von uns im Verhältnis 1:1 wahrgenommen und in Handlungen umgesetzt, lässt sich nicht mehr halten. Vielmehr ist die Reizwahrnehmung in ein subjektives Beziehungsgeflecht eingebunden, auf das kurz im folgenden eingegangen werden soll.

2.3 Sinnestheoretische Aspekte

Zum Sinnesbewusstsein

Historischer Rückgriff

Laut Lippe entwickelte sich der Begriff des Sinnesbewusstseins aus dem griechischen Wort *aisthesis*, aus dem später das Wort Ästhetik entstand.

In der ursprünglichen Bedeutung bezeichnete *aisthesis* das Spannungsfeld zwischen den sinnlichen Eindrücken und dem Bewusstsein.

Das Verhältnis ist laut Lippe gekennzeichnet von gegenseitiger Durchdringung und Befruchtung. Die heutzutage wahrgenommene Disparität zwischen Emotion und Rationalität war in der ursprünglichen Bedeutung nicht verankert.

Heutiges Sinnesbewusstsein

Sinneswahrnehmung meint heutzutage ein eher rationelles, methodisches Wahrnehmen der Welt. Dabei spielt die visuelle Wahrnehmung eine unbestritten dominante Rolle.

Der Verlust der übrigen Sinne als Werkzeuge der Wahrnehmung und des Erkenntnisgewinns wird bei vielen Autoren in Frage gestellt. *„Auch wenn unser tägliches Leben, sofern wir Sehende sind, zu einem erheblich höheren Anteil durch visuelle Wahrnehmung geleitet wird als durch taktile, so ist doch verläßliche Naturerkenntnis nur möglich, wenn sich der Mensch mit der Natur als Handwerker und Techniker auf der Grundlage des Haptischen und Taktilen auseinandersetzt."*(Janich, S. 8). Worin liegen die Gründe für eine visuelle Dominanz der Wahrnehmung auf Kosten anderer sinnlicher Erfahrungen?

Als naturwissenschaftliches Problem

Kants Theorie der Erkenntnisbildung des Menschen durch die Sinne, in erster Linie den Sehsinn, und Descartes Verortung von Körpern im Koordinatensystem legten den Grundstein einer Wissenschaft, die ihr Selbstverständnis aus dem Erkenntnisgewinn anhand visueller Hilfsmittel und Versuchsreihen bezieht. In diesen Zusammenhang zählt auch die Rolle der Schulmedizin, die sich mittels verstärkt eingesetzter apparativer Diagnostizierungsverfahren von der eigentlichen Behandlung entfernt hat. Die Kenntnis der heilenden Wirkung des Berührens ist in immer stärkerem Maß einer antiseptischen Praxis gewichen, die den Körper als Biotop unterschiedlichster Mikroben begreift und dementsprechend körperlos agiert.

Als westeuropäisch-gesellschaftliches Problem

Die Trennung von Körper und Geist ist ein Kennzeichen des westeuropäischen Kulturkreises. Diese Körper-Geist-Disparität bildet das religiös-ethische Fundament der westeuropäischen Gesellschaften. Sehen als „körperlose", distanzierteste Kommunikationsform hat sich in diesem Zusammenhang durchgesetzt.

Als industrielles Problem

Die serielle Herstellung von Produkten hat die Normierung dieser Produkte zur Folge. Die Maßstäbe der Beurteilung von Produkten beziehen sich auf vergleichbares Gewicht, vergleichbares Aussehen usw., also Maßstäbe, die sehr schnell erfassbar sind. Taktile und olfaktorische Merkmale scheiden als unwissenschaftlich und altbacken aus. Als Beispiel sei eine Käsewerbung genannt, bei der eine Frau heimlich einen Camembert im Supermarkt befühlt und die Sprecherstimme aus dem Off väterlich mitteilt, dass so etwas heutzutage nicht mehr nötig sei. Weil sowieso alle gleich (gut) seien.

Die Beurteilungsmaßstäbe übertragen sich auch auf die Verbraucher. Kaum jemand fühlt oder riecht an den Produkten, um ihre Qualitäten zu überprüfen. Weil angenommen wird, dass sowieso alles gleich ist.

Als Problem der Surrogatgesellschaft

Die industrielle Verarbeitung und Normierung von Produkten sortiert Primärprodukte systematisch aus. Die zunehmende Agglomeration von Lebensräumen schließt „primäre" Naturerfahrungen aus. Die Folge sind lila Kühe, die von Berliner Großstadtkindern gemalt werden, der Geländewagen wird zum Imagebildner eines tough guy und das Reiseerlebnis in exotische Länder findet am Bildschirm statt. Mit dem Verschwinden primärer Produkte verschwinden auch deren primäre Eigenschaften und somit eine Vielfalt an Qualitäten, die ein sinnliches Wahrnehmen sinnvoll machten.

Kulturpessimistisches Gejammer

Statt der beklagten Verengung der sinnlichen Wahrnehmung ist der Begriff der Verlagerung detailschärfer. Virtuelles Lustempfinden im Ganzkörper-Diodenanzug und die Vielzahl von Gerüchen z.B. in einem Parkhaus belegen diese These.

Nicht das Verschwinden sinnlicher Anreize, sondern deren Bewertung stellen das Problem dar. Die Sinnesdebatte wird somit zum Austragungsort einer ganz anderen Debatte: der des Naturverlustes.

Wie findet sinnliche Wahrnehmung tatsächlich statt? Den Begriff auf einen physisch-neuralen Zusammenhang zu reduzieren, ist angesichts der komplexen kognitiven Vorgänge, die mit jeder Sinneswahrnehmung einhergehen, nur die halbe Wahrheit.

Die Frage für sich ist eine Verallgemeinerung, setzt sie doch ein tätiges, aktives Subjekt und passive Objekte voraus. Diese Theorie ist heute obsolet. Die Wissenschaft betont die Rolle des Bewusstseins im Wahrnehmungsprozess ...

Die historische Entwicklung der wissenschaftlichen Debatte soll hier kurz beleuchtet werden, da einige, inzwischen veraltete Theorien immer noch Anhänger finden und aus dem Zusammenhang der Entwicklungsgeschichte gelöst werden.

Wissenschaftliche Entwicklung der Sinnestheorie

Der Mensch als Mittelpunkt

Der Beginn der Beschäftigung mit dem Menschen als eigenständigem Medium der Wahrnehmung fällt mit dem Beginn der Neuzeit zusammen. Der Zusammenbruch des mittelalterlichen Welt- und Menschenbildes war die Geburtsstunde der modernen Phänomenologie.

Der Mensch als eigenständiges Individuum wird mit der Erfindung der Zentralperspektive geboren. Die ihn umgebenden Objekte und Personen sind auf ihn, und nicht mehr auf ein übergeordnetes System bezogen.

Zu dieser Zeit beginnt die Wissenschaft mit einer wahren Experimentierflut im mathematisch-physikalischen und medizinischen Bereich. Um 1600 wird das Prinzip der Camera obscura erfunden. Licht tritt durch eine punktförmige Öffnung gebündelt in einen dunklen Raum (Black box) und zeichnet sich an einem Schirm ab.

Der Versuch brachte im übertragenen Sinn zwei weitreichende Konsequenzen mit sich: seit Kant wird der Satz: „ich bin" in ... „ich stehe gegenüber" verwandelt. Somit wird die metaphysische Ordnung einer einzigen, durch göttliche Fügung definierten Wahrnehmungsebene durch eine auf das Individuum bezogene (subjektive) Ebene ersetzt.

Descartes weist nach, dass das menschliche Auge nach dem gleichen Prinzip arbeitet.

Darüber hinaus verknüpft er die eben beschriebene physikalische Ebene mit der subjektiven Erkenntnisgewinnung.

Der Sinnesapparat wird zum Mittler zwischen dem Außen und dem Innen, seine Funktion besteht in erster Linie in einer Transferleistung. Axthelm betont, dass diese Theorie eine Abkehr von einer „triebneutralen" Wahrnehmungstheorie darstellt.

Dem Wahrnehmenden wird Bewusstheit und subjektives Interesse unterstellt.

Reizschema bei Descartes

Descartes Theorien erwiesen sich als langlebig und ausbaufähig. Axthelm beschreibt, wie sich das Prinzip der Camera obscura bei den englischen Empiristen zur Metapher verselbständigt: nicht als optisches Prinzip, sondern als Erkenntnisprinzip des Individuums per sé.

Pförtnerprinzip versus Vielschichtigkeitsmodell

John Locke, einer der führenden Köpfe dieser wissenschaftlichen Richtung, stellte die These auf, dass das Bewusstsein lediglich durch äußere Faktoren beeinflusst werde.

Alle hereingekommenen Informationen bilden sich im Bewusstsein ab.

Gewissermaßen ist das Bewusstsein für Locke ein 1:1 Modell. Es existiert kein eingeborenes Wissen. Axthelm nennt Lockes Theorien „Pförtnermodell".

Leibniz grenzt sich von diesem Denkmodell scharf ab. Für ihn erreicht nur ein kleiner Teil der gleichzeitigen Vielheit von Informationen das Bewusstsein, der größte Teil bildet sich im Menschen ab, ohne dass der Mensch ein Bewusstsein darüber erlangt.

Damit entwirft Leibniz ein Wahrnehmungsmodell, das den Menschen als vielschichtiges Phänomen begreift, geprägt durch Mehrdimensionalität. Dies legt den Grundstein für eine sich erst später entwickelnde Wissenschaft: die Psychologie.

Theorien des 19. Jahrhunderts und beginnenden 20. Jahrhunderts

Bei den wissenschaftlichen Debatten des 19. Jahrhunderts stand das Erkenntnisprinzip der Wahrnehmung im Mittelpunkt. Die Theorie Müllers geht davon aus, dass das Auge ein Mittelglied in der Wahrnehmungs- und Erkenntniskette ist. Nicht das äußere Geschehen an sich, die dadurch erfolgte Reizung wird mittels der Nerven übertragen.

Das Erkennen der Wirklichkeit besteht aus sensorischer Empfindung, die mit der Vorstellung des Außendinges in Beziehung gesetzt wird.

Die Theorie Herings und Machs leugnet die gesetzmäßige Kontrolle über physikalisch objektiv wahrnehmbare Realitäten. Realität ist ein Produkt der eigenen physiologischen Möglichkeiten.

Anfang des 20. Jahrhunderts stellte die Gestaltpsychologie die These auf, Natur zeige sich als durchgängige, alle Lebensprozesse durchdringende Struktur. Sie ist nicht Summe dinglicher Hervorbringungen, sondern universelle Formerschließungstendenz. Mit dieser Theorie wurde

das bis dahin gängige Reiz-Reaktionsschema aufgebrochen.

Aus dieser Theorie entwickelten sich die beiden führenden Denkmodelle des 20. Jahrhunderts: die Phänomenologie und der Behaviorismus. Sie erreichten in den 20er und 30er Jahren ihren Höhepunkt.

Gemeinsam war beiden Bewegungen die Verankerung in Reformbewegungen, an denen sich die neue ökonomische Wirklichkeit abbildete. Für diese waren nicht mehr das Bewusstsein als Summe abstrakter, methodisch nachweisbarer Fähigkeiten von Bedeutung, sondern die körperliche, subjektive und triebdominierte Einbindung des Körpers in seine Umwelt.

Damit änderte sich auch die Position der wissenschaftlichen Methodik: sie ist nicht losgelöst vom Geschehen, sondern ebenfalls Verhalten. Die Folgerung aus dieser These ist sehr unterschiedlich: die Behavioristen schlossen die wissenschaftliche Ebene von ihren Erhebungen aus, Phänomenologen machten sie ihrerseits zum Gegenstand der Untersuchung.

Wahrnehmungs- und Erkenntnismodell der frühen Neuzeit

Behaviorismus

Für Axthelm ist der Behaviorismus die amerikanische und pragmatische Variante der Sinneswissenschaft. Ausgangspunkt der behavioristischen Theorie ist die Hinfälligkeit der Disparität zwischen Subjekt und Welt.

In der inzwischen deutlich herausgebildeteten Industriegesellschaft wird für die arbeitsteiligen Prozesse nicht mehr die Summe an geistigen und körperlichen Fähigkeiten wie in der bürgerlichen, vorindustriellen Gesellschaft benötigt, vielmehr sind segmentierte Fähigkeiten von zentraler Bedeutung. Dementsprechend stellt der Behaviorismus die These von der völligen Aufhebung zwischen Denken und Wahrnehmen, zwischen Bewusstsein und dem physischen Arbeitsinstrumenten des Körpers auf.

Wahrnehmung wird als eigenständiges Feld der Untersuchungen zugunsten einer umfassenden Konzeptualisierung von Verhalten und Verhaltensänderungen durch äußere Lernprozesse fallen gelassen. Der konkrete Anlass, der Reiz als Anfang eines Verhaltensablaufes, ist für den Behaviorismus von Interesse. Damit wendet er sich gegen den „Subjektivismus" des Verhaltensablaufes und stellt Antrieb und Gewohnheit in den Mittelpunkt der Untersuchung.

Der Reiz als Ausgangspunkt der Wahrnehmung, als physikalisches Phänomen ohnehin seit dem 19. Jahrhundert zunehmend für die Sinneswissenschaft uninteressant, wird als gesellschaftliches Phänomen interpretiert. Somit wird ein gesellschaftlicher Zusammenhang hergestellt.

Die Gesellschaft implantiert in das Individuum die benötigten Verhaltenspotentiale. Die gesellschaftliche Kontrolle reicht bis in das individuelle Denken hinein: das Individuum ist einbezogen in die Erwartungshaltungen und gesellschaftlichen Übereinkünfte.

Phänomenologie

Auch für die Phänomenologie galt die Aufhebung von Subjekt und Welt. Sie kritisierte allerdings die daraus folgenden Konsequenzen für das Subjekt.
Nicht die Steuerbarkeit des Individuums aufgrund gesellschaftlicher Vorgaben, sondern die Restautonomie des Subjektes über eigene Bewusstseinsprozesse ist von Interesse.
Dabei spielen Grenzerfahrungen als Reflektionsmöglichkeiten über eigene Bewusstseinsprozesse eine entscheidende Rolle.
Die Gegenständlichkeit der Bewusstseinserschließung fungiert bei diesem Denkmodell nicht mehr als die Szene eines logischen Gegenstandes, die Szene selbst wird zu erschlossener Wirklichkeit. Der Körper wird zum Ort der Verschränkung zwischen Subjekt und Welt.
Im Kapitalismus führt die Segmentierung von Fähigkeiten und Bewusstsein zu einer Trennung zwischen der arbeitsbezogenen Wahrnehmungsfähigkeit und der triebbezogenen (privatisierten) Sinnlichkeit.

Ausblicke

In vielen Arbeiten zeitgenössischer Sinnesforscher hat die Phänomenologie stärkere Spuren hinterlassen als der Behaviorismus. Beide sind laut Axthelm mit der Industriegesellschaft untergegangen. Die Forschungsfelder moderner Sinnesforscher sind in unterschiedliche Forschungsfelder zersplittert und lassen sich nicht in dem Maß kategorisieren wie die Phänomenologie und der Behaviorismus.
Auch fehlt ihnen am Übergang zu einer neuen Gesellschaftsform das klare Spiegelbild einer gesellschaftlichen Utopie.
Die Forschungsfelder gliedern sich in verschiedene Aspekte der Gesellschaft:
ökonomische (hier fließen in den 70er Jahren auch marxistische Thesen ein), Information, Individualität, Räume (auch oder gerade virtuelle).
Die Sinnestätigkeit und Bewusstseinsbildung beim Individuum wurden untersucht; zum Schluss des Kapitels spielten gesellschaftliche Faktoren eine (wenn auch untergeordnete) Rolle.
Die planungsrelevanten gesellschaftlichen Faktoren der Wahrnehmung, von mir Umweltwahrnehmung genannt, werden im folgenden Kapitel beleuchtet.

3. Umweltwahrnehmung

„Raum ist nicht schon vorhanden, Raum wird erst durch menschliche Tätigkeit gewonnen, indem man ihn durch Rodung der Wildnis abgewinnt." (Bollnow, S. 58).

Wir haben im letzten Kapitel erfahren, dass das Wahrnehmungsprinzip des Menschen kein neural-mechanistisches Prinzip darstellt, sondern das Ineinandergreifen von „Außenaufnahme" verschiedener Reize und deren Interpretation von Erfahrungen, Erinnerungen und deren Verknüpfung. Anhand von Begriffen, die das räumliche Verhältnis des Menschen mit ihm umgebenden Dingen thematisieren, sollen die „umweltlichen Faktoren" des Menschen, ihre Erfahrbarkeit und die Bezugnahme auf blinde und taubblinde Personen untersucht werden.

Zunächst wird die Raumerfahrung des Menschen in Hinblick auf dessen Verortung im Raum untersucht. Bezüge, an denen diese Thematik ablesbar wird, sind Begriffe, die den Menschen (geometrisch) im Raum verorten, gleichzeitig aber auch im übertragenen Sinn einen Bezug zur Selbsteinschätzung des Menschen in seiner Lebenswelt herstellen: Himmelsrichtung, Horizont, Perspektive.

Die Orientierung des Menschen basiert nicht allein auf der Grundlage der äußeren Sinnesreizung und kognitiver Verknüpfung; der Mensch - Sehende wie Blinde - macht sich anhand der typologischen Umweltwahrnehmung Erfahrungen zunutze, die die gesellschaftlich-kulturelle Gestaltung von Räumen systematisiert und vorsichtige Verhaltensspielräume eröffnet.

Die zeitliche Wahrnehmung von Räumen befasst sich mit subjektiver zeitlicher Wahrnehmung als Indikator für die Intensität der erlebten Umwelt.

Das gilt nicht nur für die räumliche, sondern auch für die gesellschaftliche und soziale Rolle der Zeitwahrnehmung. Wichtig ist in diesem Zusammenhang, ob zwischen Sehenden und Blinden Übereinstimmung oder Unterschiede in der Zeitwahrnehmung existieren.

Die Naturwahrnehmung bedarf besonderer Beachtung in dieser Arbeit. Das Bild von Natur und die daraus resultierende Prägung des Menschen beeinflussen die Wahrnehmung des zu planenden Gartens stark, sind also direkter Gegenstand der späteren Planungen.

Anhand unterschiedlicher Motive wird die Prägung des Naturbildes veranschaulicht.

Danach gehe ich darauf ein, welchen Stellenwert Natur heutzutage erreichen kann - für Blinde, aber auch für Sehende.

3.1 Raumwahrnehmung

Raum(prägende) Begriffe

Im deutschen Sprachgebrauch wird Raum entweder konkret bei Gebäuden oder im abstrakten Sinn gebraucht. In der Architektur sind Räume klar umrissene Teile des Gebäudes, geometrische Figuren, Volumina. Sie bezeichnen Be- und Umgrenzungen, also den „umbauten Raum".

Den Freiraum prägen andere Begriffe wie Ort, Platz, Garten (vgl. Bollnow).
Das Wort „Räumen" besitzt im Mittelalter die Bedeutung von urbarmachen und ansiedeln (vgl. Grimm). Im germanischen hat Raum die Bedeutung von Lagerstätte oder Lichtung.
Der Ursprung dieses Wortes setzt einen Hohlraum (im Wald/der Wildnis) und eine schützende, bergende Funktion voraus („wo lagere oder siedele ich", Anm. d. Verf.).
Raum beschreibt also eine äußere und eine innere Beziehung von Dingen:
die äußere hat eine beschreibende Funktion und bezeichnet die Distanz, die Fläche, das Volumen zwischen den Dingen, also das Verhältnis untereinander.
Die innere Beziehung hat eine aufnehmende Funktion, in der Objekte in einen Raum aufgenommen werden, ihm innewohnen, durch Interpretation in einen Sinnzusammenhang gebracht werden.

Wie aus den vorangegangenen Kapiteln zu entnehmen ist, dient der Wahrnehmungsapparat nicht primär der Aufnahme von Reizen, sondern ist komplexes Organ des Informationsaustausches zwischen Individuum und Umwelt, dient also quasi als Erkenntnisparameter des Menschen in Bezug auf sich selbst und seine Umwelt.
Zur Verortung von Körpern im Raum sind drei visuell geprägte Begriffe von Bedeutung: Himmelsrichtung, Horizont, Perspektive.
Die beiden letzteren Begriffe spiegeln sich im üblichen Sprachgebrauch nicht nur im Bereich der Umweltwahrnehmung, sondern auch im Bereich des individuellen Selbstverständnisses wieder und sind von besonderem Interesse.

Himmelsrichtung

Das einfachste und älteste Orientierungsmittel des Menschen sind die Himmelsrichtungen.
Das Wort „Orientieren" stammt sprachgeschichtlich von Orient ab:
dort, wo die Sonne aufgeht. Mit den vier Himmelsrichtungen entsteht ein Koordinatensystem, das die räumliche Orientierung des Menschen an jedem denkbaren Ort ermöglicht.
Die Himmelsrichtungen erfuhren im Lauf der Jahrtausende eine mythologische Überformung, die bis heute fortwirkt:

- Der Süden steht für Sonne, Sommer, Wärme und Lebensfreude. Er symbolisiert den Zenit des Lebens mit dem Höhepunkt schöpferischer Kraft, Überfluss, aber auch Maßlosigkeit.
- Der Norden verkörpert die Kälte, den Winter. Im übertragenen Sinn steht der Norden für den Tod und die Todessehnsucht, aber auch Klarheit und Reinheit.
- Der Osten gilt als Ursprung des Lichts und des Lebens. Als Metapher gebraucht für den Beginn und Quell allen Lebens, Jugend und Unschuld.

- Der Westen ist der Ort der untergehenden Sonne. Er symbolisiert die Endlichkeit des Lebens und aller Dinge, das Alter, Würde und Weisheit.

Über die Bedeutung der Himmelsrichtungen bei blinden und taubblinden Menschen ist in der Literatur wenig zu erfahren. Ich vermute, dass die Wahrnehmung dieser Begriffe sich von der Wahrnehmung Sehender wenig unterscheidet.
Wärme und Kälte sind zwei deutlich wahrnehmbare Faktoren. Auf Reisen und beim Lesen erschließt sich die Bedeutung der Himmelsrichtungen unabhängig vom Sehvermögen.

Horizont

Dem Begriff des Horizontes wohnen zwei Bedeutungsstränge inne:
im visuellen Bereich markiert er das Ende des Gesichtsfeldes, im übertragenen Sinne die Grenze des individuellen Wirkungsspektrums.

Visueller Bereich: Der Horizont trennt die Erdoberfläche von der Fläche des Himmels.
Der Horizont begleitet den Menschen, egal, wo er sich befindet: in der Ebene, in der Stadt, auf dem Berg. Die Horizontlinie wandert immer mit. Sie ist nicht abzuschütteln und wird somit zu einer menschlichen Bezugseinheit, die ohne den Menschen nicht denkbar ist.
Die Horizontlinie hat aber auch einen bergenden Charakter: sie schließt unterschiedliche Dinge auf einer abstrakten Ebene zu einer Einheit zusammen. Der Horizont beherbergt den Erfahrungsraum des Menschen: als Zentralperspektive, ausgehend von ihm selbst, bis zur Horizontlinie.

Übertragener Bereich: die Horizontlinie versinnbildlicht die Grenzen menschlichen Seins und die Sehnsucht, diese Grenzen zu überwinden. *„Sie umfaßt aber auch die Gesamtheit menschlichen Denkens (enger, weiter Horizont) und das Bestreben des Menschen, geistige Schranken zu überwinden (Horizont erweitern). Der ausgeweitete Horizont macht den Menschen urteilsfähig, besonders wenn unerwartete Aufgaben an ihn herantreten (...). Aber so sehr sich der geistige Horizont des Menschen auch weiten mag, im Grundsätzlichen gilt dasselbe wie beim rein räumlichen Horizont: der Bindung an einen Horizont, d.h. der Bindung an einen sich um einen bestimmten Standpunkt ziehenden und darum immer beschränkten Gesichtskreis kann sich kein Mensch entziehen. Auch im Geistigen gehört der Horizont zum Wesen des Menschen selbst."* (Bollnow, S. 80).

Neben dem geistigen Horizont, also der kognitiven Fähigkeit des Menschen, kann der Begriff Wirkungshorizont die Grenze aktiven menschlichen Handelns verdeutlichen. Hier können drei Wirkungshorizonte unterschieden werden:

- Primärer Wirkungskreis: gekennzeichnet durch die Zeitform der Gegenwart, all das, was ich ohne körperliche Aktivitäten wahrnehmen und erreichen kann.
- Unmittelbarer Wirkungskreis: der Bereich, den ich mit geringen Aktivitäten und einfachsten Hilfsmitteln wahrnehmen und erreichen kann. Zeitzone: nahe Vergangenheit und Zukunft.
- Mittelbarer Wirkungskreis: in der Zeitform der fernen Vergangenheit oder Zukunft verankert, bezeichnet er den Bereich, der mit hohem Aufwand oder komplizierten Hilfsmitteln wahrnehmbar und erreichbar ist.

Der Bereich hinter der Horizontlinie (eigentlich der vierte Bereich), also derjenige, von dem ich weiß, dass er existiert, aber unerreichbar ist, hat für mein praktisches Handeln keine Konsequenzen und bleibt daher unberücksichtigt.

Die Grenzen sind natürlich individuell sehr verschieden. Wichtig ist die Verknüpfung von Wahrnehmung und Handlung, von alltäglicher Lebenswelt und Einflussnahme.

Ich werde nun dieses Schema auf eine fiktive blinde Person übertragen. Die Zeitformen ändern sich nicht. Die Person sitzt im Garten.

• Der primäre Wirkungskreis ist das momentan Erreichbare:
  Die Bank, die Pflanzen, das Pflaster. Hier unterscheiden sich die Wirkungskreise Blinder und Sehender kaum voneinander, abgesehen davon, dass die zeitliche Dimension der (vollständigen) Wahrnehmung erheblich länger sein dürfte.

• Der unmittelbare Wirkungskreis:
  Der Garten, die Wohnung, die Laube, die Sträucher, das Wasserbecken. Einschränkung: Bäume und Gebäude sind nicht oder nur begrenzt wahrnehmbar (anhand des Schattenwurfes und der Wärme; anhand des Windes - z.B. Rauschen). In der Mobilität bei Ortskenntnis zwischen Sehenden und Blinden etwa vergleichbar, bei unbekanntem Terrain ergibt sich bei blinden Menschen eine Zeitverzögerung.

• Mittelbarer Wirkungshorizont:
  Die Stadt. Die Diskrepanz zwischen Wahrnehmung und Erreichbarkeit ist größer als bei Sehenden, die z.B. die Stadtsilhouette aus Entfernung sehen können. Der Fernsinn Hören nimmt z.B. Straßenlärm auf, in der Regel ist der Radius kleiner als bei Sehenden. Oder abstrahiert: das Geräusch eines startenden Flugzeugs weist auf die Nähe zur Stadt. Die Erreichbarkeit ist ebenso gegeben, aber wahrscheinlich mit erheblich höherem Aufwand verbunden.

Dieser Vergleich zeigt eine erheblich höhere Übereinstimmung als vielleicht erwartet.
Die zeitliche Komponente und der Mobilitätsaufwand klaffen allerdings mit größerer Distanz auseinander. Im Fall der benötigten Zeit aufgrund der langsameren Aufnahme räumlicher Situationen, im Fall der Mobilität aufgrund gesellschaftlicher Barrieren.

Perspektive

Der Begriff der Perspektive hängt eng mit dem erstmals von Descartes entwickelten Koordinatensystem zusammen: es drückt das Verhältnis des Betrachters zum umgebenden Raum aus. Das Bezugsparameter der Perspektive ist das Individuum selbst.
Im übertragenen Sinn spiegelt die Perspektive den Standpunkt oder die Weltanschauung wieder. Geometrischem und übertragenem Sinn gemein ist die Intention, sich ein Bild zu machen, eine Sache auf deren Gehalt hin „abzuklopfen". Die Perspektive bleibt aber immer statisch, erfasst nur einen „Blickwinkel" des überprüften Gegenstandes der Neugier. Trotz des Prinzips, aus zwei unterschiedlichen Bildern im Gehirn ein dreidimensionales Bild zusammenzufügen, bleibt dieses - je größer die Distanz, um so zweidimensionaler das Bild - bruchstückhaft.

Übertrieben formuliert ist die Perspektive nichts anderes als ein Standbild, das ein zweidimensionales Bild zeigt. Das dreidimensionale Bild wird erst durch eine Verknüpfung der erhaltenen Informationen beim Wechsel des Standorts erzeugt. Also wieder einmal eine kognitive Leistung.

Dennoch lassen sich zwei Informationen im „Standbild" räumlich erfassen: die Größe des Objektes aufgrund der Größenrelation zur Umgebung. Hier ist der Betrachter allerdings auf die Detailtreue der Objekte angewiesen - auf dem Domplatz in Pienza z.B. nimmt die Breitenrelation des Platzes mit der Entfernung zu. Platz und Kirche wirken auf den Betrachter größer, als sie in der Realität sind. Die Entfernung des Objektes aufgrund der Größenrelationen und der Farbveränderung: Auch hier ist der Betrachter darauf angewiesen, dass der Erschaffer des Objektes die Farbveränderung der Entfernung nicht in seine Planungen mit einbezogen hat.

Perspektive bei blinden Menschen

Die Relation des eigenen Standpunktes zur Umgebung ist für blinde Menschen ebenso nachvollziehbar, wird aber bei ungünstigen Verhältnissen in Bezug auf die Umgebung erschwert.

Akustische Raumwahrnehmung

In geschlossenen Räumen oder engen städtebaulichen Situationen kann die Schallbrechung und die Vielzahl an akustischen Informationen eine Überlastung des Hörers bewirken; das kann natürlich in einer noch zusätzlich verrauchten Kneipe einem Sehenden ebenfalls passieren, das Zusammenspiel zweier Fernsinne ermöglicht in der Regel aber die Korrektur einer falschen Sinneswahrnehmung. Beispiel: im Zug im Bahnhof. Zwei stehende Züge. Nicht der Zug des Betrachters, sondern der andere Zug fährt an. Könnte der Betrachter nur Sehen, wäre es ihm zunächst unmöglich, eine Aussage zu treffen, welcher Zug sich bewegt. Aufgrund der Informationen des Gleichgewichtssinnes, der auch Bewegung anzeigt, kann er eine Aussage treffen.

Mithilfe des akustischen Fernsinnes ist die Orientierung im Raum möglich. Rüdiger Saerberg, selbst geburtsblind, schreibt: *„Geräusche sind nicht einfach da, Geräusche müssen zunächst identifiziert werden, d.h. sie müssen thematischer Kern der Erfahrung werden. Die übrigen Geräusche müssen ins thematische Feld zurückgedrängt werden. Es ist ein kognitiver Prozess: Ist dies geschehen, kann überhaupt erst das Geräusch als solches identifiziert werden, kann der Gegenstand erkannt werden, der Gegenstand des Geräusches ist. Weitere durch erlerntes Hören wahrnehmbar gemachte Geräuschqualitäten sind Entfernung und Richtung, aus welcher ein Geräusch kommt. Dies führt uns am Ende zur Entdeckung einer akustischen Perspektive."* (Saerberg, S. 147).

Einschränkend muss gesagt werden, dass die umfassende Erfassung der Umgebung allerdings sehr viel mehr Zeit in Anspruch nimmt und Training erfordert. Es wird aber auch deutlich, dass akustische Orientierung anhand unterschiedlicher Geräuschquellen auf dem gleichen Prinzip wie das Sehen basiert: das Setzen von Relationen.

Taktile Raumwahrnehmung

„Frühere Annahmen gingen davon aus, daß blinde Menschen keine Raumvorstellungen haben. Es wurde argumentiert, daß die Synthese einzeln ertasteter Gefühle nicht zur Vorstellung des Raumes führen könne. Neuere Untersuchungen kommen zu anderen Ergebnissen. So haben in Versuchen blinde Menschen in Gedanken geometrische Körper zerschnitten und wieder zusammengefügt. Dieser Vorgang setzt räumliche Vorstellungskraft voraus (Erisman 1951). In anderen Versuchen wurde festgestellt, daß blinde Menschen kognitive Karten erstellen, die ähnliche Strukturen wie die sehender Menschen aufweisen (Schweinfurth 1980)." (Schlephorst/Stahl S. 2).

Spitzer stellt die These auf, dass räumliches Denken primär über Berührung geformt wird und wir im Laufe unserer Entwicklung lernen, durch optische Wahrnehmung diese Berührung zu „simulieren". Die dreidimensionale Raumwahrnehmung gründet sich auf Tasten in Verbindung mit Bewegung. Sehen ist laut Spitzer die Vorstellung, zu berühren, als eine „virtuelle Bewegung". Sehen und Tasten erzeugen eine ganzheitliche Objekterfassung (Ausdehnung, Form, Oberflächenbeschaffenheit usw.), solange sich die Tastobjekte den tastenden Händen nicht aufgrund ihrer Größe entziehen.

Wie empfindlich Hände als Tastorgan sind, macht ein Versuch von Linke deutlich, der Blinden die Finger zusammenband: das taktile Raumwahrnehmungsvermögen war deutlich vermindert, haptische Täuschungen traten auffallend häufiger auf.

Die taktile Raumwahrnehmung ist also möglich, dauert allerdings erheblich länger. Und: Versuche haben gezeigt, dass die blinde Person sehr viel schneller ermüdet als sehende Versuchspersonen. Versuche mit Schülern, denen Modelle von Kirchen vorlagen, ergaben, dass diese anhand von Modellen sehr genaue räumliche und typologische Aussagen treffen konnten (Spitzer).

Der Giraffenkopf aus Pappmaché im Taubblindenzentrum, nach einem Besuch und dem Ertasten des „Originals" im Zoo aus dem Gedächtnis entstanden, hat mich in seiner Detailgenauigkeit stark beeindruckt. Ich weiß nicht, ob ich den Kopf selbst mit Vorlage so hätte nachbilden können.

Nun kann gegen meine eben erstellten Thesen eingewendet werden, dass es sich um Sonderfälle handelt; Betroffene, die erst vor kurzem erblindet sind, alte Menschen usw. können dies nicht in ausreichendem Maß. Hierzu sind drei Dinge zu beachten:

• Auch bei Sehenden, z.B. bei Kleinkindern, muss die Fähigkeit zur Orientierung erst gelernt werden, weil sie eben keine physiologische, sondern eine kognitive Leistung ist.
• Die Orientierung verläuft langsamer, die Personen ermüden auch schneller, besonders bei komplexen Aufgaben.
• Bei taubblinden Personen verläuft die räumliche Orientierung aufgrund des Fehlens beider Fernsinne sehr segmentiert, da der Orientierungsumkreis in der Regel gleich dem primären Wirkungshorizont ist.

Nun kann weiterhin eingewendet werden: die verwandten Begriffe, die eine Verortung des Menschen in Bezug auf sich selbst und seine Umwelt untersuchen, sind angesichts der in den letzten Jahren stattgefundenen gesellschaftlichen Umbrüche obsolet, da sie zum einen ein zu individualistisches Bild unserer Gesellschaft zeichnen, andererseits den Mobilitätsdrang (oder -zwang?) nicht ausreichend Rechnung tragen. Ich werde im folgenden darauf eingehen.

Die Änderung der Raumwahrnehmung

Michael Wegener (seines Zeichens passionierter Wanderer und Verfasser eines Textes über das Gehen) schreibt, dass sich das Raumverständnis seit dem Beginn der Neuzeit geändert hat:
„Die Vorstellung eines unendlichen Raumes war diesen Menschen (des Altertums, Anm. des Verf.) *nicht nachvollziehbar, da Raum und Grenze unmittelbar zusammenhingen. Wenn ich mir dagegen mein heutiges Verhältnis zu Raum und Grenze betrachte, fällt mir auf, daß Raum und Grenze nicht mehr unmittelbar zusammenhängen. Die Grenzen werden „dünner" und anders belegt."* (Wegener, S. 56).

Mobilität als das Ende primärer Raumwahrnehmung
Wie diese Grenzen anders belegt sind, erfahren wir leider nicht.
Statt eines einmaligen „Big Bang" zu Beginn der Neuzeit scheinen mir viele, kleinere gesellschaftliche Umbrüche die Fundamente der heutigen Raumwahrnehmung zu sein.
Feudale, bürgerliche, industrielle und mobile Gesellschaft veränderten die Sichtweise des Menschen in Bezug auf seine Umwelt.

Der Text „Home Base" des niederländischen Landschaftsarchitekten Adriaan Geuze, der die Mobilität des Menschen als Voraussetzung seiner Identitätssuche begreift, gilt bei einigen PlanerInnen als die deutlichste Zustandsbeschreibung der mobilen Gesellschaft.
Der Mensch „zappt" sich durch seine Welt, wechselt mit dem Ort seine Identität, ist immer unterwegs und nimmt den ihn umgebenden Raum als Kulisse oder im Geschwindigkeitsrausch der Autobahn als Panorama wahr. Die „Home Base" fungiert als „Andockstation" im permanenten Wechsel der Orte. Grenzen sind nur in primären Bedürfnissen des Menschen selbst begriffen. Wahrnehmung wird zum Film und ist von primärer Raumwahrnehmung unabhängig. Seltsam nur, dass der Text nach dem ruhenden Punkt, der „Home Base", und nicht nach der permanenten Identitätssuche „Location-zapping" o. Ä. benannt ist.

Das Ende von Raum und Zeit
Der Philosoph Günter Anders beschreibt in „die Antiquiertheit des Menschen" eine Raumwahrnehmung, die sich auf Raumknoten, also die Kulminationspunkte gesellschaftlichen und sozialen Lebens, konzentriert. Die Raumwahrnehmung nimmt die Zwischen-Räume als notwendiges Übel zur Überbrückung von Distanzen wahr.
Im eigentlichen Sinn liegt das Problem aber im Umstand begründet, das Zwischen-Räume Zeit kosten.

„Unser Makel resultiert (...) aus unserem Leben als solchem.
Der Wunsch: ,Let´s get over it as fast as possible', das heißt, etwas so rasch wie möglich hinter sich zu bringen, weil alles, sofern es währt, zu lange währt und aus diesem Grunde etwas Zeitraubendes, also etwas Negatives ist - dieser Wunsch bezieht sich ausnahmslos auf alle Tätigkeiten." (Anders, S. 349).

Der Mangel an „Verwertbarkeit" des Menschen in Zwischen-Räumen und Zwischen-Zeiten hat z.B. zur Erfindung des Handy in Japan während eines Staus geführt. Wir haben erfahren, dass die Umwelterfahrung des Menschen nicht nur neural-mechanistisch funktioniert, sondern eng mit Erfahrungen und Emotionen behaftet ist.

Die logische Konsequenz der Sicht Anders hieße ein Dualismus der Wahrnehmung: die Umweltwahrnehmung an den Knotenpunkten und an den Distanzräumen wäre emotional konträr besetzt. Es gäbe einerseits eine aufregende Wahrnehmung in der Arbeitswelt, eine positive Wahrnehmung der Freizeitwelt und eine negativ behaftete Distanzwelt, z.B. zwischen zwei Arbeitsterminen, auf dem Nachhauseweg etc.

Virtuelle Raumwahrnehmung

Inzwischen ist es möglich, anhand von 3D-Simulationsprogrammen eine Ebene der intensiven Kommunikation zwischen Benutzer und künstlicher Realität zu erzeugen.
In virtuellen Räumen: in Häusern, Parks, Städten spaziert der Betrachter auf Knopfdruck nach Belieben. Dieses Medium ist nicht nur dem Fachpublikum vorbehalten, anhand von Video-spielen ist es einer inzwischen breiten Öffentlichkeit zugänglich.

Mit dem virtuellen Spaziergang geht jedoch auch der Aspekt annähernd körperloser Rauman-eignung zusammen: neben der visuellen Ebene bleiben andere Reizwahrnehmungen ausge-spart. Der Betrachter befindet sich gedanklich in einem Raum und tritt diesem Raum dennoch erheblich distanzierter als in der realen Welt gegenüber - wo er sinnliche Wahrnehmung nicht in diesem Maß ausblenden kann. Ich möchte diesen Vorgang überlagerte Wahrnehmung nennen.

Fleischhauer unterstreicht in ihrer Diplomarbeit, die sich ebenfalls mit Sinneswahrnehmung auseinandersetzt, die Wichtigkeit einer „ausgewogenen" Reizwahrnehmung.
Reizüberfluss bewirkt Überlastung, Reizarmut bewirkt in hohem Maße Aufnahme der Umge-bung im Unbewussten. Die Folgen sind habitualisierte, also gewohnheitsmäßige Handlungen.
„Der uns umgebende Raum kann nur mit allen Sinnen umfassend wahrgenommen werden.
Etwas sinnlich wahrzunehmen, bedeutet, es außerhalb der Wahrnehmungsmuster und
funktionaler Bedeutungen wahrzunehmen und neu zu entdecken.
Das kann zum einen dadurch erreicht werden, dass das gleiche mit anderen Sinnen wahrge-
nommen wird. Zum anderen kann man auch mit den gleichen Sinnen, aber im veränderten
Kontext Dinge anders wahrnehmen, wenn dadurch bestehende Wahrnehmungsmuster ge-
sprengt und der Anschauungsraum verändert werden." (Fleischhauer S. 19).

Ein Artikel von Thomassen, Krewani und Winker beleuchtet einen anderen Aspekt der räumli-chen Wahrnehmung: anhand der Entwicklung des Walkman wird beschrieben, welche Konse-quenzen der Walkman in seiner alltäglichen Benutzung nach sich zieht:
„Der Walkman läßt die akustische Umwelt verstummen und spaltet die Umwelt dadurch in
visuelle und akustische auf. Außenwelt wird erfahren mittels visuellen Erlebens, die Klänge
und Geräusche finden sich ersetzt durch die individuell gewählte Musik im Kopfhörer.
Dieser Vorgang distanziert Außenwelt, als klanglose erscheint sie zudem ohne Perspektive,
ohne Mittelpunkt, Ränder und Tiefen, die sich in der räumlichen Wahrnehmung durch die
Klänge vermittelt hätten." (Thomsen/Krewani/Winkler, S. 56).

Der Walkman wirkt auf drei Ebenen:

• Außenwelt: durch visuelle und akustische Entkoppelung werden immer neue, wechselnde, niemals gleiche Raumszenerien geschaffen.
• Innenwelt: der Walkman bietet Schutz vor „Übergriffen" Dritter auf die individuelle Autonomie.
• Kommunikation zwischen Innen- und Außenwelt: Räume werden, egal wie sie beschaffen sind, für den Hörer decodiert, indem sie Gefühle und Stimmungen in die Außenwahrnehmung indizieren, die individuell kontrolliert und nicht durch einen äußeren Reiz abgerufen werden.

Ich nenne diesen Vorgang überlagerte Wahrnehmung. Gemein ist beiden Teilwelten zum einen die distanzierte Körperlichkeit der Wahrnehmung, zum anderen die Ausblendung eines weiteren Faktors der primären Wahrnehmung: Der Auseinandersetzung mit der Umwelt als soziales Wesen.

Virtuelle Wahrnehmung findet noch auf anderen, inzwischen unspektakulär wahrgenommenen Feldern statt: Den Medien.
Anders stellt die These auf, dass die Darstellung (also Filterung, Anm. des Verf.) von Welt oder Weltstücken durch Bilder für das Individuum verschiedene Konsequenzen hat: den Verlust von Erfahrung und Fähigkeit zur Stellungnahme, der Unterscheidungsfähigkeit von Realität und Schein; Passivität in der Wahrnehmung, Verlust der Autonomie.

Auch wenn ich die Schärfe von Anders Urteil zumindest im Punkt auf die unterstellte Intention zum Unmündig-machen seitens herrschender Interessengruppen nicht teile, so bleiben die Konsequenzen dennoch plastisch.
Ich möchte den Begriff allerdings erweitern: auch wenn die visuelle Dominanz der Wahrnehmung unbestritten ist, lassen sich durch Radio und Fernsehen - immer noch genug „Bilder" transportieren. Mutter Beimer wirkt auch akustisch!

Änderung der Raumwahrnehmung - Konsequenzen für blinde und taubblinde Personen
Adriaan Geuzes Text rief gleichwohl Kritik hervor, da in seinem Denkmodell ein Großteil der Gesellschaft aufgrund von sozialer und ökonomischer Realität ausgespart wird: „Normalverdiener", Menschen mit eingeschränkter Mobilität, sogar Familien.
Diese Art räumlicher Wahrnehmung ist also in der beschriebenen Prägnanz wenigen vorbehalten. Der Verlust primärer Raumerlebnisse gilt jedoch, wie im Kapitel zur virtuellen Raumwahrnehmung beschrieben, gleichsam für alle Menschen.

Parallelwelten stehen in Bezug auf die Wirkung in einem für blinde und taubblinde Menschen ambivalenten Verhältnis: einerseits bietet das Internet gerade jungen Blinden die Möglichkeit zur Kontaktaufnahme jenseits der gesellschaftlichen Stigmatisierung, andererseits kann die Medienpräsenz, ähnlich wie bei Sehenden, eine Verengung sinnlicher Wahrnehmung erzeugen. Insofern ergibt sich ein gesamtgesellschaftliches Bedürfnis zur umfassenden Sinneswahrnehmung jenseits von Blind oder Sehend-Sein. Die Planung muss diesem Bedürfnis durch die Schaffung vielschichtiger und vielfältiger Räume Rechnung tragen.

3.2 Typologische Umweltwahrnehmung

Zur Methodik

Siegfried-H.-X. Saerberg beschreibt anhand eigener Erfahrungen als Blinder eine Methodik, mit der man sich Erfahrungen im Bereich der gebauten Umwelt zunutze machen kann. Kernpunkt dieser Methodik ist die in der Regel sehr ähnliche Abfolge und Organisation von Räumen. Die Analogien sind die Folge von kulturellen und sozialen Codes, die regional etwas variieren können.

Die Methode zeigt auch, dass bei Blinden und Sehenden Orientierungsmodelle nicht zwangsläufig weit auseinander liegen müssen. Allerdings sind die Erfahrungen unterschiedlich gewichtet; für Blinde stellen sie mit einigem Selbstvertrauen eine wertvolle Ergänzung der Orientierung bei weitgehend unbekanntem Terrain dar; Sehende nutzen diese Erfahrungen ebenfalls, aber eher sporadisch, wenn das Sehen als Fernsinn keinen ausreichenden Aufschluss über ein Terrain liefert.

Wie die typologische Orientierung bei Sehbehinderten funktioniert, wird folgendermaßen beschrieben: *„Eine mir bis dato unbekannte Straße wird einem bestimmten Typus Straße entsprechen. Da ich in meinem Wissensvorrat Wissen um die typische Umwelt Straße sedimentiert habe, kann ich mich in ihr orientieren. Das Interessante und Verwunderliche ist nun, dass die meisten Umwelten irgendeine bestimmte Struktur aufweisen, die sich immer wiederholt. Das liegt am gesellschaftlichen Ursprung der Umwelten. Es gibt gesellschaftlich vorgeschriebene Standards für die Errichtung der Straße."* (Saerberg, S. 151).

Saerberg wählt als Beispiel die Straße, deren Organisation in der Regel bestimmten Abfolgen unterworfen ist: z.B. Haus/Vorgarten/Gehsteig/evtl. Fahrradweg/Parkplätze/Fahrbahn. Die Tiefe einzelner Zonen und Niveauunterschiede können variieren. Außerdem können städtische, vorstädtische und ländliche Profile unterschieden werden.

Saerberg unterscheidet als nächstes bewegliche und unbewegliche Hindernisse: Bewegliche Hindernisse sind Menschen und Tiere, letztere fast ausschließlich zusammen mit Menschen. Aufgrund der von ihnen ausgehenden Geräusche (Auftreten, Stimmen etc.) sind sie meist frühzeitig zu orten; Ausnahme sind ältere Menschen, die meist langsamer und leiser gehen und schwieriger auszumachen sind. Unbewegliche Hindernisse sind: Fahrräder, Kinderwägen, Verkehrsschilder, Mülleimer. Bei Fahrrädern und Kinderwägen (die ja in Verbindung mit Menschen beweglich sind, allein aber eher lustlos in der Gegend herumstehen) können verhaltensmäßige Gesetzmäßigkeiten erkannt werden - sie stehen meist dicht am Haus. Wenn man in der Nähe der Hauswand entlangläuft, ist man für solche Hindernisse „sensibilisiert". Verkehrsschilder und Strassenlaternen z.B. haben ihren bestimmten Platz, meist unweit der Fahrbahn. Anhand der Strassengeräusche ist der geschulte Blinde in der Lage, die eigene Position in etwa zu bestimmen und zu halten, um Hindernisse zu vermeiden oder auf sie vorbereitet zu sein.

Voraussetzungen der typologischen Wahrnehmung

Die typologische Raumwahrnehmung setzt bei sehbehinderten Personen allerdings voraus:

- Vertrauen des Betroffenen in die Umwelt
- kein unerwartetes, unvorhersehbares oder fahrlässiges Verhalten (Baustelle etc.) seitens Dritter
- Routine (Umgang mit Taststock, gutes Hör- und Orientierungsvermögen)
- geistige Beweglichkeit (Rückgriff auf Erfahrungswissen in Grenzsituationen)

Während die letzten beiden Punkte im Rahmen eines Orientierungs- und Mobilitätstrainings erlernt werden können, setzen die ersten beiden Punkte voraus, dass die Mitmenschen mitdenken und sich der sozialen Dimension ihres Handelns bewusst sind.

Saerberg bemerkt dazu: *„Weiterhin gibt es von Gesellschaft zu Gesellschaft variierende Standards für die in einer Umwelt erlaubten Gegenstände. Wer z.B. in Köln eine Parterre - Wohnung besitzt und der fixen Idee verfällt, aus seinem Fenster eine anderthalb Meter lange Eisenstange ragen zu lassen, wird sicherlich bald die Erfahrung machen, daß es Menschen gibt, die dieses Verhalten suspekt finden. "*(Saerberg, ebenda).

Das erzeugt bei mir bisweilen ein Frösteln, andererseits würde Saerberg wohl in seinem Text diese Methode nicht beschreiben, wenn er schlechte Erfahrungen damit gemacht hätte.

Die Umweltorientierung anhand der Typologie ist ein wichtiger Faktor der eigenen Selbständigkeit. Als Sehende müssen wir nicht so oft Gebrauch davon machen, obwohl uns die Erfahrungen (wo ist normalerweise der Mülleimer, das Klingelschild im Hauseingang etc.) immer begleiten.

Bei Sehbehinderten kann die typologische Wahrnehmung einen wichtigen Mosaikstein für ein selbstbestimmtes Handeln darstellen. Selbstbestimmtes Handeln wird aber noch durch andere Faktoren beeinflusst. Das nächste Kapitel wird die menschliche Zeitwahrnehmung behandeln und die Frage klären, ob Unterschiede in der Wahrnehmung der Zeit zwischen Sehbehinderten und Sehenden existieren.

3.3 Zeitwahrnehmung

In den vorangegangenen Kapiteln war wiederholt von einer längeren Wahrnehmungsdauer bei der räumlichen Erfassung im Vergleich Sehende und Sehgeschädigte die Rede.
Zeit ist aber nicht gleich Zeit im Sinne eines wahrnehmbaren Zeitkontinuums.
In der subjektiven Wahrnehmung dehnt sich Zeit und schrumpft zusammen, je nach eigener Verfassung, z.B. müde oder fit-sein, bzw. Komplexität der Situation.
Um die Zeitwahrnehmung vergleichen zu können, müssen wir zunächst eine Systematik entwickeln, die verschiedene Zeitphänomene beschreibt: es existieren z.B., wie wir alle wissen, deutlich unterschiedliche Wahrnehmungen zwischen mechanistischer Zeitwahrnehmung (Uhrzeit) und subjektiver Zeitwahrnehmung, die nach Beanspruchung und Intensität der Wahrnehmung stark variieren kann.

Unterschiedliche Zeitdimensionen
Saerberg unterscheidet vier Zeitdimensionen:

- Kosmische Zeit: dazu gehören Jahreszeiten, Tag und Nacht, Natureinflüsse.
- Biologische Zeit bezeichnet individuell erfahrbare Rhythmen wie Wach- und Müdigkeits-phasen, Wundheilung.
- Soziale Zeit meint die Zeitkategorie zur Organisation zur menschlichen Interaktion (Kalender, Uhrzeit).
- Subjektive Zeit kennzeichnet die Zeitwahrnehmung, die in eine Zeitschiene eingebunden ist, also z.B. Tee kochen mit einer Anfangs- und Endhandlung.
  Dazwischen fließen die Gedanken in anderen Richtungen weiter.

Konsequenzen
Laut Saerberg treten Konflikte in erster Linie zwischen Blinden und Sehenden auf, wenn versucht wird, soziale und subjektive Zeit in Einklang zu bringen. Da Blinde für manche Handlungen längere Zeit benötigen und auch die subjektive Zeitwahrnehmung andersartig sein kann, entwickeln Blinde in Begleitung von Sehenden Unsicherheits- und Schuldgefühle, weil bei ihnen der Eindruck entsteht (oder „entstanden wird", Anm. d. Verf.), dass sie andere Menschen aufhalten.
Die subjektive Zeitwahrnehmung wird von vielen Späterblindeten als intensiver beschrieben. Beispiel: statt zu sehen, dass es regnet, was in der Regel nur einen kurzen Augenblick dauert, werden verschiedene Stufen wie Tröpfeln und Rauschen deutlich erkannt und ihnen eine längere Aufmerksamkeitsphase zugestanden. Dies ist natürlich prinzipiell auch bei Sehenden möglich, aufgrund eigener Erfahrungen glaube ich jedoch, dass die visuelle Wahrnehmung schneller und pauschalisierender ist.
Bis jetzt haben wir räumliche, typologische und zeitliche Aspekte der Umweltwahrnehmung untersucht, bei dem Produkte oder Hilfsmittel menschlicher Interaktion, jedoch noch nicht das Menschenbild selbst und die soziale Einbindung des Menschen untersucht worden sind.
Nun stellt sich die Frage, ob nicht nur anthropogene Hilfsmittel zur Organisation einer komplexen Umwelt, sondern die Sozialisation an sich die Umweltwahrnehmung des Menschen beeinflussen. Ich gehe im folgenden darauf ein.

3.4 Soziale und gesellschaftliche Aspekte der Umweltwahrnehmung

„Wie unser Bezug zur Welt überhaupt ist unser Bezug zum Sozialen tiefer als jede ausdrückliche Wahrnehmung und jedes Urteil. Es ist ebenso irrig, uns in die Gesellschaft als Gegenstand unter anderen Gegenständen zu setzen, wie die Gesellschaft in uns als Gedankenobjekt; und beidemal besteht der Irrtum im Ansatz des Sozialen als Objekt ... Das Soziale ist schon da, ehe wir es erkennen und urteilen." (Merleau-Ponty, S. 414).

Jeder Mensch ist durch soziale Verhaltensweisen determiniert. Es ist das Erste, was ein Mensch auf dieser Welt erfährt. Die Verhaltensweisen und -muster liegen in großen Teilen im Unbewussten, prägen unser Verhalten und unsere Wahrnehmung von Räumen aber immer mit. Das bedeutet: die Aneignung von Räumen vollzieht sich auch nach sozial erlernten, erfahrenen Gesichtspunkten, die individuell völlig unterschiedlich sein können, z.B. das Verhältnis von sozialer Kontrolle, also das individuelle Verhältnis zu Gemeinschaft und Privatheit, ist durch die von uns gemachten Erfahrungen in Ansätzen festgelegt.

Der Einfluss des Sozialen auf die Raumwahrnehmung birgt Risiken für das klassische Planungsverständnis in sich. Ist die klassische Teilung von Subjekt (Nutzer) und Objekt (beplanter Raum) noch haltbar oder muss diese Planungsphilosophie modifiziert werden?
Baier geht von zwei verschiedenen räumlichen Schemata aus: dem unbelebten architektonischen (geometrischen) Raum, der Lebensräume tangiert, beeinflusst, eventuell sogar die Lebensräume der Menschen (aufgrund seiner konstruierten Starrheit - Anm. d. Verf.) unterläuft; und dem Lebensraum als Daseinsform des Menschen diametral zur scheinbaren Realität.

Unbelebter Raum
Baier meint damit den mathematisch messbaren (cartesianischen) Raum, der alle Dinge auf einer abstrakten, mathematischen Basis in Beziehung setzt.
Der unbelebte Raum ist nach Baier aus der Intention des Menschen nach Begradigung, Vergleichbarkeit, In-Beziehung-Setzen entstanden.
Um diese Vergleichbarkeit zu erreichen, muss der Raum und die in ihm befindlichen Dinge homogen sein. Dadurch treten zwei Probleme auf: Der Mensch wird zu einer Projektion und extrahiert den Raum aus seiner Welt.
Er verliert seine Eigenständigkeit und wird zu einem Objekt (das, wie bei Corbusier, auf ein Standardmaß von 1,83 m begradigt wird).

Das cartesianische System schließt durch die Projektion auf eine neutrale Ebene alles aus, was dieses Schema gefährden könnte: z.B. nicht-rationelles oder ungeregeltes Verhalten. Die (notwendige) Reduzierung des Menschen zu Projektionsflächen schafft einen körperlosen Raum. Der Raum des Menschen lässt sich aber nur bedingt geometrisieren, da er diesen nicht konstruiert, sondern lebt. Die Geometrie dient zwar zur oberflächlichen Orientierung, der Menschen an sich, kann jedoch nicht auf die verallgemeinernde, messbare Ebene reduziert werden.

Gelebter Raum

Lebensräume sind nicht nur vielschichtig und komplex, sondern auch in sich Wandlungen unterzogen. Sie sind lebendiger Raum, der die Lebenssituation des Individuums widerspiegelt. Sie sind also Vollzugsraum menschlichen Daseins.

Auf das Erleben von Räumen haben subjektive, also individuell geprägte Gefühle einen starken Einfluss. Gleichsam rufen Sie auch Erinnerungen hervor, können daran geknüpfte Emotionen auslösen und Erfahrungen an die Bewusstseinsoberfläche rufen.

„Alle Lebensbewegungen und Lebensvollzüge sind als räumliche Transformationen wirksam. Deshalb kann alles existieren, einschließlich den von der Psychologie ins Subjekt eingeschlossenen Empfindungen und Gefühlen, als in verschiedenen Räumen und auf verschiedene Wirklichkeitsniveaus tätig erkannt werden.
Das hat zur Konsequenz, dass Phänomene wie Angst, Freude, Hoffnung, Glück, Erinnern, Vorstellen, Zuneigen, Abneigen, Ausstehen, Aushalten usw. Bewegungen des ganzen Lebensraumes sind. Deshalb sind Angst und Freude nicht nur subjektive Gefühle, sondern wirkliches Enger- und Weiterwerden, Dunkler-, Schwerer-, Dichter-, Heller-, Leichter- und Klarerwerden unseres gesamten Lebensraumes." (Baier, S. 8).

Durch diese Verschränkung entsteht ein Netz von Wechselwirkungen zwischen Mensch und Raum. *„Räume haben anthropologische Qualitäten. Sie machen uns aggressiv oder friedlich, beeindrucken oder befreien. Deshalb kann gesagt werden: Einsamkeit und Langeweile, Glück, Angst, Heiterkeit sind existentielle Erfahrungsräume, die uns in Frage stellen können - wodurch wir anders erfahren. Und: es ist anthropologisch gesehen ein Unterschied, ob man angesichts eines lächelnden Buddhas oder unter einem gefolterten Menschen (d.i. Christus, Anm. FXB) aufwächst."* (Baier, S. 8)

Lebensräume manifestieren sich nicht nur an sichtbaren, sondern auch an unsichtbaren Grenzen, die aus sozialen, persönlichen oder gesellschaftlichen Grenzen bestehen und dennoch für den Außenstehenden unsichtbar sind. Die Schlussfolgerung muss demnach lauten, dass es keinen einheitlichen, für alle verbindlichen Raum geben kann, sondern Raumnetze, die sich an bestimmten Stellen überlagern (gesellschaftliches Leben, Freunde, Arbeit), an anderen Stellen keine oder nicht relevante Berührungspunkte haben.

Wenn der Lebensraum nicht nur geometrisch, sondern auch mit Lebensvollzügen wahrgenommen wird, dient die räumliche Wahrnehmung nicht allein und nur in kleinen Teilen der Orientierung, sondern der Entschlüsselung von Räumen: ist ein Raum durch kulturelle oder soziale Codes nicht entschlüsselbar, bleibt er für das Individuum verschlossen.
Bei Sehenden dient in erster Linie das Auge als das Werkzeug zur Entschlüsselung.
Bei Blinden und Taubblinden übernehmen andere Sinne diese Funktion: vornehmlich Gehör und Tastsinn. Objektive oder empirische Maße, welche Kriterien und Gesetzmäßigkeiten für das Er- bzw. Verschließen von Räumen verantwortlich sind, lassen sich laut Baier nicht benennen.
Aufgrund von Erfahrungen - individuell oder kollektiv - lassen sich aber Übereinstimmungen feststellen, die kulturell oder sozial geprägt sind.

Ein Beispiel für kulturelle Prägung in der Raumwahrnehmung untersuchte die Planergruppe Oberhausen in einer Studie über Kleingärten im Ruhrgebiet.

Die Raumnutzung verläuft entlang unterschiedlicher „Demarkationslinien": die Kleingärtner deutscher Herkunft orientieren sich an dem bekannten Schema öffentlich und privat, während die Kleingärtner türkischer Herkunft Haus und Freiraum geschlechtsspezifisch nutzen.

Dies bedeutet auf die Entschlüsselbarkeit von Räumen bezogen, dass Räume unterschiedlich decodiert und genutzt werden.

Ein Beispiel für individuell verschiedene Entschlüsselung findet sich in beinahe jedem Bautyp; während einige Personen z.B. die kleinen Räume und Fenster und die niedrige Deckenhöhe eines Fachwerkhauses als „beengend" und „bedrückend" empfinden, nehmen andere Personen dieselben Räume als „gemütlich" und wohltuend wahr.

Ich glaube aber, dass der gesellschaftliche Einfluss auf die Raumwahrnehmung im Vergleich zum individuellen Wahrnehmen fast ebenbürtig ist.

Als Beispiel seien hier „Angsträume" genannt, ein Begriff, der von Frauen in die Planungsdebatte eingebracht worden ist und Räume bezeichnet, die aufgrund fehlender Übersichtlichkeit, Enge und Abgelegenheit Verhaltensunsicherheit und Angst auslösen. Dabei sind die Kriterien nicht nur auf die Menschen anwendbar, die konkret schlechte Erfahrungen machen mussten; durch mündliche und mediale Vermittlung assoziieren die meisten Beteiligten ähnlich (negativ).

Baier verwendet im Zusammenhang mit der Raumwahrnehmung Begriffe, die den Zusammenhang zwischen der „Außenwahrnehmung" und der individuellen Bewertung verdeutlichen:

Der auszuhaltende Raum

Die individuelle Determinierung ist laut Baier eines der wichtigsten Kriterien für die Raumbeurteilung. Deshalb wird die Räumlichkeit eines Objektes viel mehr über eine emotionale Ladung, also Polung, als über die rationale Betrachtung erlebt.

Aus eigener Anschauung lässt sich letztere erst im Nachhinein abfragen.

Der gelichtete Raum

Auf räumliche Bezüge angewendet, ist der Begriff Vernunft kein Wert an sich, sondern „gelichteter Raum". Raumaneignung bedeutet Wechselseitigkeit von Erfahrung.

Dinge schauen mich an, weil ich durch sie (etwas über) mich erfahre. Anders ausgedrückt: das Bewusstsein des Menschen bildet sich auch anhand von (erfahrenen) Räumen ab!

Der situative Raum

Die Wahrnehmung von Räumen ist mit der momentanen Befindlichkeit und Lebenssituation stark verknüpft.

„Raum erscheint uns nie als rohes Datum an sich, sondern immer schon erschlossen oder vorerschlossen durch einen Zweck, eine bestimmte Zugehensweise, ein Motiv, das wir gewählt haben. Deshalb erscheint Raum auf- und zugeschnitten und ist nicht von uns zu trennen. Wir können diesen Vorgang mit Sartre eine Situation nennen und sagen: Situation und Motivation sind eins. Das heißt, wenn wir an eine Küste fahren, um dort Urlaub zu

machen, stellen wir eine Urlaubssituation her, in der wir die Küste integrieren und worin sie zu erscheinen hat. Wir haben einen transzendenten Raum konstruiert und bringen den mit. Das heißt dann: das schöne Meer ist zum Schwimmen und Tauchen da, der schöne Strand zum Gehen, Grillen und Bräunen und die netten und zuvorkommenden Einheimischen zum Bedienen.
Wenn es dann nicht so ist, reisen wir ab oder dringen auf Wertminderung. Völlig andere Situationen, aber mit derselben Kulisse, entstehen durch die Motive ,Militär', ,Filmkulisse' oder ,Tankerunglück'." (Baier, S. 34).

Diese Feststellung ist an uns selbst jederzeit überprüfbar, z.B. wenn man dreimal mit unterschiedlichen Intentionen in die Stadt kommt: als Tourist auf der Suche nach Sehenswürdigkeiten, als Durchreisender mit dem dringenden Bedürfnis eines Toilettenbesuchs, als Geschäftsreisender auf Immobiliensuche - so werden Schilderungen bzgl. der gemachten Eindrücke dreimal sehr unterschiedlich ausfallen. Das Prinzip der „Mental Map", also der Zeichnung eines (Stadt/Garten-)Plans aus dem Gedächtnis, hat bewiesen, dass nicht nur individuelle, sondern auch (lebens-)situative Wahrnehmungsdifferenzen bestehen.

Der sinnvolle Raum
Lebensräume werden durch Lebenszusammenhänge produziert. Der Raum stellt sich also auch als lebensweltliche Sinnkonstruktion dar. Diese wird in bestimmten Situationen in Frage gestellt. Es ergeben sich Konsequenzen für die Raumwahrnehmung.
Beispiel: eine Lebenskrise verändert die Eigenwahrnehmung stark, was auch die „Außenwahrnehmung" verändert. Das Zusammenbrechen oder Infragestellen des Lebensentwurfes erzeugt neue Lebenskonstellationen und bricht die bisherige Wahrnehmung von Lebensräumen auf, wirkt also katalysatorisch auf eine Veränderung der Wahrnehmung.

Dass diese existentielle Neuorientierung positive Seiten haben kann, belegt Baier anhand von Soldaten des 1. Weltkriegs, die aufgrund ihrer Erfahrungen traumatisiert waren und z.B. im künstlerischen Bereich neue Wege beschritten.

Der (ganzheitlich) wahrgenommene Raum
Die Annahme, die Außenwelt wäre ohne unsere Wahrnehmung deckungsgleich, ist widerlegt. Wir nehmen Dinge wahr und blenden andere Dinge aus. Durch das Wahrnehmen erweitern wir unsere Existenz. An-sicht wird zu Ein-sicht (vgl. Baier).
„Wahrnehmung *und Erkennen sind primär keine Datenprozesse. Vielmehr transformieren und erweitern wir unsere gesamte existentielle Struktur. Deshalb kann gesagt werden: Was immer wir in irgendeinem Bereich tun, sei es etwas Konkretes wie das Gehen oder etwas Abstraktes wie philosophische Reflexion, beziehen wir unseren ganzen Körper mit ein. Die Wahrnehmungstheorien haben sich verengt: Hören, sehen etc. sind Verengungen gegenüber einem Wahrnehmen mit der ganzen Existenz."* (Baier, S. 26).

Transformierter Raum
Raum ist keine konstante Außengröße, Raum wird über kognitive Verknüpfung in uns geformt. Räume sind somit nicht bloß interpretatives Abbild eines äußeren Reizes, sondern auch

imaginär, Formierungen des Geistes, z.B. wenn ich schlafe und träume.

Wenn ich auf einer Parkbank sitze, den Duft einer Rose rieche und mich an eine angenehme frühere Begegnung erinnere, dann ist mir der vorgestellte Raum näher als der, in dem ich mich gerade befinde.

Räume durchdringen sich also gegenseitig, es findet ein permanenter Realitätenwechsel statt. Der Mensch wird somit zum Impulsgeber der Wahrnehmung, der nicht immer bewusst, aber aktiv die eigene Wahrnehmung beeinflusst. Die Anlässe dieser Wahrnehmung liegen aber im Außen. Es ist keine Imagination, die der Mensch betreibt - vielmehr werden äußere Reize in eine innere Lebenswelt geflochten, parallelgeschaltet, zwischengelagert, ausgegrenzt. Und in eine innere Beziehung zum Menschen, seiner Biographie, seiner Lebenssituation gesetzt.

Wahrnehmungsmuster

Wahrnehmungsmuster strukturieren den Wahrnehmungsraum, in dem Wahrgenommenes verknüpft, gesondert wahrgenommen oder ausgeblendet wird. Auf diese Weise ist es möglich, uns auch in komplexen Situationen durch eine interne Hierarchisierung des Wahrgenommenen zu orientieren und Verhaltensmaßstäbe zu entwickeln. Die Wahrnehmungsmuster werden im Laufe des Lebens, in erster Linie aber in den ersten Jahren entwickelt.

Fleischhauer unterscheidet anhand des Sehens drei Formen menschlicher Wahrnehmung:

- das Gegenstandssehen, das die sinnliche Präsenz der Außenwahrnehmung zum Gegenstand hat.
- das Bedeutungssehen, das das Wahrgenommene in den Kontext von Funktionalität und Alltagstauglichkeit einordnet.
- das Signalsehen, das Symbole auf einer abstrakten Ebene interpretiert für Zwecke und Funktionen.

Wahrnehmungsmuster greifen auf drei verschiedenen Ebenen: durch Fokussierung, also Heraushebung einer Wahrnehmung; durch Habitalisierung, also als gewohnt zu Interpretieren, und durch Ausblendung des Wahrgenommenen. Die eben beschriebenen Vorgänge laufen gleichzeitig ab, d.h. Wahrnehmung ist umfassender Sinneseindruck und nicht die Summe separierter Einzelaspekte. Dabei gehen Kontext und Gegenstand ein wechselseitiges Verhältnis ein - ändert sich an diesem Verhältnis etwas, sodass nicht habitualisiert wahrgenommen wird, entsteht ein Bedeutungswechsel.

„Wie Figur und Grund verhalten sich Gegenstand und Raum. Ohne wechselseitiges Verhältnis entziehen sie sich der Wahrnehmung, in ihrem Verhältnis konstituieren sie eine spezifische Bedeutung, wechselt der Grund, ändert sich die Bedeutung." (Ipsen).

Wilkens erwähnt als Beispiel des Zusammenspiels von Kontext und Objekt Bildrahmen und Bild: der Bilderrahmen als redundante Form dient als „Superzeichen" (das habitualisiert wahrgenommen wird - Anm. d. Verf.), der Bildinhalt ist das Besondere, das fokussiert wahrgenommen wird nach einer bestimmten Hierarchie von Wahrnehmungsredundanzen.

Konsequenzen für Blinde und taubblinde Menschen

Vieles des eben Beschriebenen bedarf keiner besonderen Heraushebung der blinden und taubblinden Menschen. Die Erlebniswelten, aus denen bei der Wahrnehmung geschöpft wird, sind nicht in „sehend" und „nichtsehend" zu klassifizieren, da der Grundstein individuell Erfahrenes ist. Die Umweltwahrnehmung ist, wie wir wissen, ein Spiegel der eigenen Persönlichkeit.

Darüber hinaus können sich gesellschaftliche Erfahrungen durchaus auf die Wahrnehmung von Räumen auswirken. Die Assoziation negativer Erfahrungen z.B. im Gartenbereich verhindert u.U. eine Aneignung der Flächen aufgrund der individuellen Determination. Das Wort Angsträume ist auf blinde Personen durchaus partiell übertragbar. Wer z.B. einmal die Erfahrung gemacht hat, sich nicht mehr orientieren zu können, ist davon stark geprägt. Diese Erfahrung habe ich desöfteren bei Gesprächen mit blinden Personen gemacht. Eine erhöhte Sensibilität für die Qualität und planerische Defizite von Räumen seitens blinder Personen sind meinerseits bei verschiedenen Gartenbesuchen festgestellt worden.

Das Lebenskrisen die Wahrnehmung des Selbst und der Umwelt stark verändern, müssen Personen, die akut von einer Sehschädigung betroffen sind, schmerzlich erfahren.
Aber auch Personen, bei denen die Sehbehinderung sich schon länger nicht verändert hat, können - wie andere auch - durch persönliche Veränderungen in eine schwere Krise geraten. Grundsätzlich ist in diesem Zusammenhang zu bemerken, dass sich bei Sehgeschädigten die Faktoren potenzieren können. Die Krise verändert nicht nur Selbstbild und Selbstbewusstsein, sondern hat in der Regel eine Einschränkung der Mobilität zur Folge, die ihrerseits Wahrnehmung nicht nur verändert, sondern gegebenenfalls auch behindert.

Grundsätzlich besteht meines Erachtens ein Bedarf an komplexer sinnlicher Wahrnehmung, da die meisten Blindeneinrichtungen und auch öffentliche Räume eindimensional geprägt sind. Auf die Konsequenzen der Reizarmut wurde von mir vorhergehend hingewiesen - man darf jedoch davon ausgehen, dass diese bei Blinden und Taubblinden noch gravierender ausfallen. Das Ergebnis der Reizarmut durch eindimensionale Sinnesqualitäten zeigt sich bei den Betroffenen in vielen Fällen in Lethargie und Antriebsarmut, die dann nur schwer überwunden werden kann.

Was die Rolle von Wahrnehmungsmustern angeht, so werden sie offensiver gesellschaftlich geprägt: die Tendenz der Inanspruchnahme symbolischer Wahrnehmung hat im Bereich Medien und Werbung in den letzten Jahren deutlich zugenommen. Ein Ende dieser Entwicklung ist meines Erachtens nicht absehbar. Die forcierte Bedeutungszunahme in diesem Bereich führt zu einer permanenten Reizüberflutung, die in gleichem Maß für visuelle wie nichtvisuelle Medien gilt.

Blinde sind davon ebenfalls betroffen, wenn auch mit im Vergleich zu Sehenden unterschiedlichen Motivationen: Der Entzug dieser Reizüberflutung als eine Antwort ist möglich, aber mit Konsequenzen verbunden. Das Gefühl, auf dem Abstellgleis gelandet zu sein, ist vielen Sehbehinderten schon aus dem gesellschaftlichen Alltag bekannt.
Sich den Medien entziehen bedeutet für viele, besonders jüngere Blinde, einen weiteren

Schritt in die Isolation. Die zweite Antwort muss aus dem Bereich der Planung kommen: hier müssen primäre Erfahrungen sowohl des sozialen Umgangs als auch der Raumerfahrung, in diesem Fall durch den Garten, möglich sein.

Ich werde am Ende des Kapitels vertiefend auf die Konsequenzen für die Gartenplanung eingehen, möchte aber nun überleiten auf einen Bereich der Umweltwahrnehmung, der Naturwahrnehmung. Mit diesem Aspekt wird dann auf die direkten Konsequenzen für die Gartenplanung angeknüpft.

3.5 Naturwahrnehmung

„Erfahrung von Natur ist die Erfahrung des eigenen Daseins, gesteigert durch die umgebende Natur im Spiel ihrer Anwesenheit." (Böhme, S. 54).

Natur ist kein Wert an sich, sondern ein wandelbarer Begriff eines Teils der menschlichen Umwelt. Gleichwohl ist der Begriff Natur vorgeprägt; unter Natur verstehen die meisten Menschen einen Zustand des Natürlichen ohne anthropogene Prägung.

Dieser Begriff hat im Laufe der Jahrhunderte als Spiegel gesellschaftlicher Verhältnisse mehrere Bedeutungsänderungen erfahren. Die Emanzipation des Menschen von der Natur war aber Voraussetzung des Bedeutungswandels. Die Zähmung der Natur in den Barockgärten setzt ein wildes und bedrohliches Bild der Natur voraus;

der Landschaftsgarten mit der ästhetischen Überhöhung des Natürlichen versteht Natur als Erkenntnisgeber des Menschen als vernunftbegabtes Wesen; die Industrialisierung bedingte ein rückwärts gewandtes Bild von Natur als Gegenpart zu einer verderbten städtischen Gesellschaft; heutzutage erscheint Natur im Kontext zu einer Bedrohung des Menschen durch fortschreitende ökologische Krisen.

Die Natur dient also als Spiegel des Menschen und seiner Weltsicht. Der Mensch tritt über die Naturwahrnehmung in einen Dialog mit sich selbst ein. Faiß entwickelt zu diesem Thema acht Motive der menschlichen Naturerfahrung anhand des Gartens, die ich kurz darstellen werde.

Motiv 1: Das Zusammenspiel von Mensch und Natur

Der Garten tritt als Vermittler zwischen dem Menschen *(thesis)* und der Natur *(physis)* auf. Der Garten ist ein Ordnungsprinzip, das sowohl menschlichen wie natürlichen Ordnungsprinzipien unterliegt.

Er stellt eine Ursprungsgestalt dar, anhand derer der Mensch zu seinem natürlichen Ursprung finden kann. Folgende Merkmale sind dem Garten inhärent:

• Das Wechselspiel von Wachstum, Selbstmehrung und Pflege der Natur erzeugt den Lustcharakter des Gartens.
• Die Gegensätzlichkeit von *thesis* und *physis* wird im Garten durch das Wechselspiel von Führung und Wachsen lassen überwunden.
• Die Steigerung der Natur durch deren Überhöhung.
• Eintauchen als Voraussetzung in das Zusammenspiel von Mensch und Natur.

Der Garten beschreibt einen existentiellen Zustand des Menschen. *„In der Gestaltung des natürlichen Ortes konkretisiert der Mensch sein Bild zur Welt."* (Faiß, S. 29).

Motiv 2: Übereinstimmung zwischen der Atmosphäre einer Umgebung und der Gefühlswelt des Betrachters

Die menschliche Wahrnehmung von Natur kann so intensiv sein, dass ein Wechselspiel zwischen der Stimmung des Menschen und der Atmosphäre einer Landschaft entsteht. Folgende Faktoren spielen eine Rolle:

- Raumzustände können durch ihre Intensität für den Betrachter physisch spürbar sein.
- Für den Menschen ist keine Differenzierung zwischen der Stimmung des Ortes und der eigenen Stimmung möglich.
- Diese Stimmung wird vom Menschen als eine Einheit mit der Umwelt erfahren, die sich weder als subjektiv erlebt noch als objektiv befunden darstellt.
- Die Atmosphäre wird nicht von der Natur mitgeliefert, sie ist das Ergebnis eines menschlichen Assoziationsprozesses. Außenwirkung und emotional Erfahrbares korrelieren.
- Je prägnanter sich Dinge im Gefüge zwischen natürlich und geformt darstellen, desto spürbarer werden sie für den Menschen („Abhebungen").
- Eigenschaften, die den Menschen zum Mitvollziehen (d.h. Bilden eigener Assoziationen und Assoziationsketten, Anm. d. Verf.) anregen, so genannte „Anmutungen".

Drei Interpretationsmöglichkeiten werden benannt:
- Metaphysischer Naturbegriff: Natur zeigt sich durch den Garten.
- Anthropogener Naturbegriff: Der Garten als Spiegelbild der menschlichen Sinne, in den eigene Erfahrungen, Stimmungen und Erinnerungen in die Naturerfahrung eingekapselt werden.
- Dialogischer Naturbegriff: keine einseitige „Initiative", sondern Wechselwirkung zwischen einer wahrnehmbaren Atmosphäre und den Empfindungen - „Gestimmtsein" des Menschen, zwischen assoziativer Verknüpfung und einer tatsächlichen „Hardware" der Natur.
  Direkte Korrespondenz zwischen Raum und Gefühlswelt des Menschen.

Motiv 3: Nachempfindung formender Naturprozesse
Natur wird vom Menschen als prozesshaft und wandelbar wahrgenommen.
Der Mensch greift in die Dynamik von Naturprozessen ein, kann aber den Charakter der Natur nicht verändern. Faiß unterscheidet verschiedene Dimensionen der Nachempfindung:

- Zeitspiegelung:
  das Einlassen auf die zeitliche Dimension der Nachempfindung: Keimen, Wachsen, Absterben als zeitliche Erfahrungsräume.
- Prozesshaftigkeit:
  Wiedererkennen prozesshafter Naturphänomene mit stetigen Veränderungen durch die Fähigkeit der Mustererkennung.
- Disparität von Ordnung und Unordnung:
  „Patina" erzeugt beim Betrachter symbolisches Gleichgewicht zwischen Ordnung und Chaos. „Patina" selbst ist die Folge und Symbol eines Naturprozesses.

Motiv 4: Landschaft als Surrogat für Natur
Je frappierender die Naturentfremdung, um so größer der Wunsch nach Surrogaten.
Der Garten enthält den symbolischen Ausdruck einer Verlusterfahrung.
Die Distanz zwischen Individuum und Natur ist Voraussetzung für ein Lustempfinden, das beim Menschen Gefühle wie Melancholie und Sentimentalität erzeugt.

Motiv 5: Die Loslösung von Nutzen, Normen und inhaltlichen Projektionen

Die Distanzierung vom Phänomen selbst und dessen unmittelbare funktionelle oder ökonomische Folge öffnet den Blick auf die Vielschichtigkeit des Objektes im Hinblick auf Ästhetik, Details und die zeitliche Dimension.

Die Entfremdung von der Natur ist auch hier Voraussetzung für den bewusstseinserweiternden Blick. Durch Wechseln des Standpunktes ergeben sich fortlaufend neue Eindrücke.

Motiv 6: Die stumme Mitsprache von Nichtgesagtem

Das Leben spielt sich nicht nur an, sondern zwischen den Dingen ab.

Die Distanz zwischen Individuum und Objekt der Betrachtung ermöglicht einen Freiraum des Denkens und Empfindens. Die Spannung zwischen den Dingen führt zur Bewusstseinsbildung. Nicht die Dinge selbst, die Beziehungen zwischen den Dingen, ihre Verbundenheit oder Trennung treten hervor.

Motiv 7:

Die Steigerung der Präsenz von Natur und Kultur im gegenseitigen Spannungsverhältnis

Natur und Künstlichkeit sind relative Begriffe zur Bestimmung von erlebbaren Gegensätzen. Sie sind Sammelbegriff und „Imagebildner" beim wahrnehmenden Menschen, umreißen aber andere gegensätzliche und spannungsreiche Wahrnehmungen: weit + eng, hell + dunkel, gerade + geschwungen usw.

Der Gegensatz zwischen natürlicher Landschaft und Artefakt dient als Platzhalter zum Erfahren unterschiedlicher Zustände auf engem Raum, dessen Wahrnehmung den Betrachter in Spannung versetzt.

Motiv 8: Die Kultivierung der Brüche

Kreative Schaffensprozesse sind oft Folgen von Krisen. Sie entstehen nicht aus dem bewussten Vorgang, sondern der Verknüpfung dessen mit unterbewussten Schichten.

Durchdringung und Neuformierung von Elementen erzeugen durch Kontrastbildung eine andere, überraschende Schichtung neuer Sinnzusammenhänge.

Der Gärtner kann diese Neuschichtungen durch Eingriffe initiieren. *„Der gärtnerische Eingriff richtet sich nicht auf den Garten, sondern auf den Kopf."* (Lucius Burckhardt, in Faiß, S. 69).

Naturerfahrung als Schlüssel zum Erfahren der ökologischen Krise

Seit den 80er Jahren ist die Zerstörung der naturbürtigen Grundlagen des Menschen ein Thema, das auch in den Medien permanent präsent ist. Die Berichterstattung von fortlaufender Umweltzerstörung und Naturkatastrophen - auch menschengemachte - haben die Gesellschaft bis zu einem gewissen Grad sensibilisiert.

Gleichzeitig beschreibt Ipsen aber die fortlaufende und kollektive Verdrängung dieser Krise. Durch die rein visuelle und audielle Informationsvermittlung der Medien entsteht emotionale Distanz, die diesen Verdrängungsprozess zumindest begünstigt oder sogar fördert.

Fleischhauer betont die Wichtigkeit von Betroffenheit als unmittelbare Naturerfahrung. Sie sei der Schlüssel für die Phänomene Sorge und Verantwortung. Böhme betont, dass nur derjenige, der Naturerfahrungen machen kann, die Bedrohung und den Verlust von Natur emotional nachvollziehen kann. Naturerleben wird also zum Schlüssel Bewusstseinsbildung. Fleischhauer nennt dies „Erkenntnis durch Mitvollzug".

Natur als Gegenmodell zur medialen Wahrnehmung

Wir leben heute in einer medialen Gesellschaft, in der der überwiegende Teil der Informationsvermittlung durch Radio, Fernsehen oder Internet geschieht. Böhme stellt die These auf, dass die Industriegesellschaft den Körper freigesetzt hat - in einer Reihe von Tätigkeiten und gesellschaftlichen Interaktionen ist die körperliche Präsenz nicht mehr vonnöten. Die Mediengesellschaft mit den Kennzeichen der vollständigen Erreichbarkeit und virtuellen Parallelwelten verstärkt diesen Trend.

Auch Naturerfahrung ist durch Fernsehdokumentationen und Reisemagazine theoretisch „körperlos" - also durch Vermittlung möglich. Urlaub am Fernseher. Dabei wird Wahrnehmung nicht mehr primär, also am Objekt, sondern sekundär, durch die Vermittlung eines Mediums bewerkstelligt. Diese Vermittlung bewirkt aber eine Verengung der Information auf eine visuell-akustische Ebene. Der Informationsgehalt wird damit auf seine übermittelnde Funktion reduziert, die Vielschichtigkeit eines Objekts mit seinen unterschiedlichen Funktionsebenen, seiner ästhetischen Vieldeutigkeit und seinen Widersprüchen bleibt entweder nicht oder nur rudimentär vermittelbar.

Böhme spricht in Bezug auf die Einmaligkeit der Naturwahrnehmung von der „Erfahrung des Anderen seiner selbst" und meint die Begegnung mit etwas, das nicht das Ergebnis des Schaffens seiner selbst ist in einer Welt, in der der Mensch permanent „immer nur sich selbst oder seinen Produkten" begegnet. Natur ist natürlich ebenfalls „domestiziert", kein Garten, kaum eine Landschaft, die nicht schon mehrmals anthropogen überformt worden ist.
Aber: sie wird nicht so wahrgenommen.

Die Vielschichtigkeit primärer Wahrnehmungserlebnisse am Beispiel der Natur ist von Faiß beschrieben worden. Naturerleben kann also eine Schlüsselposition in Bezug auf das primäre Erleben, das Inbezugsetzen des Menschen zu seiner Umwelt und sich selbst darstellen.
Dabei soll nicht auf den (schon in der Industriegesellschaft) rückwärts gewandten Naturbegriff als Gegenpol einer Gesellschaft, der den Menschen auf seine wahren Werte und seine Bestimmung führt, zurückgegriffen werden.
Stattdessen kann sich aber Naturwahrnehmung als selbstbewusster Teil einer medialen, immer schneller werdenden Gesellschaft etablieren, in dem sie durch ihre Vielschichtigkeit, der Änderung des Tempos und durch ihre Widersprüchlichkeit Fragen im Menschen aufwirft.

Wie vorhergehend beschrieben, bedient sich die mediale Welt eines immer größer werdenden Repertoires an Symbolen und Zeichen, um Informationen „an den Mann/die Frau zu bringen". Fleischhauer betont die Durchdringung des gesamten Lebens durch die Ästhetik.
Auch Naturerfahrung bedarf einer ästhetischen Vermittlung, um der „Habitualisierungsfalle" zu entgehen. Gelingt die Vermittlung, so entsteht ein sinnliches Primärpotential parallel zu einer medialisierten Gesellschaft.

Naturerfahrung und die Wiederentdeckung des Körpers

„Wahrnehmen ist unzweideutig körperlich (das rein ‚Geistige, das bis zum Überdruss dem Denken nachgesagt wurde, hat man der Wahrnehmung nie zugetraut').
Aber im Wahrnehmungsgebrauch verschwindet der Körper, er ist im Normalfall abgeblendetes Instrument (...). Daß in den Arbeitsleistungen kein körperliches Sichvermitteln mit der Wirklichkeit stattfindet, daß die körperliche Leistung technokratisch und in der überwiegenden Mehrzahl der Arbeitssituationen darüber hinaus schon nur noch indirekt ist, das muss nicht lange erklärt werden: wo die Körpertätigkeit nach dem Modell der Maschine anerzogen ist, ist der dabei einbegriffene Wahrnehmungsgebrauch so wenig offen auf die Körperlichkeit des Wahrnehmens wie in einer beliebigen mit Chiffren umgehenden Verwaltungstätigkeit."
(Axthelm, S.18).

Den Körper aus der Arbeitswelt herauszulösen, ist schwer vorstellbar. Man kann Arbeitsräume anders, sinnvoller gestalten, an der Entkörperlichung der Arbeitsvollzüge selbst wird man wenig ändern können, denn sie sind dem gesellschaftlich-ökonomischen System inhärent.
Dies ist bei blinden und taubblinden Menschen nicht viel anders:
Entweder sie arbeiten in ökonomischen „Nischen", also Blindenwerkstätten mit den klassischen Blindentätigkeiten; dann sind sie auf ihren Teilbereich mit sich immer wiederholenden Tätigkeiten fixiert. Oder sie arbeiten „in der Mitte der Gesellschaft", dann sind sie zwangsläufig mit den neuen Tendenzen der Arbeitswelt konfrontiert.
Die Blinden schließlich, die nicht arbeiten (können oder dürfen), sind auf eine Reizausweitung angewiesen, weil sie - in der Regel - gefordert werden sollten.
Ob nun aufgrund der Reizarmut des Arbeitsalltages oder der Reduzierung des Körpers auf dessen Mängel, dass Naturwahrnehmung die Lust am Erleben des eigenen Körpers steigern kann, scheint für Sehende wie Blinde gleichermaßen zutreffend.

„Wahrnehmung ist die Alltagsutopie der Befriedigung" (Axthelm, S.22) - und je umfassender die verschiedenen Wahrnehmungsebenen des Menschen befriedigt werden, um so mehr wird sich der Mensch seiner eigenen Vielschichtigkeit bewusst.

Naturerfahrung als therapeutisches Element

Über die gesundheitssteigernde Wirkung von Naturerlebnissen herrscht zunächst einmal Einvernehmen, auch wenn Gebhard betont, dass dabei weder der Gesundheitsbegriff noch Analysen, was eigentlich genau gesundheitssteigernd wirkt, vorliegen.

Das Versuchsmodell von Ulrich, der Versuchspersonen Bilder von städtischen und „natürlichen" Szenerien zeigte, ist vielen bekannt. Ergebnis dieser Untersuchung ist die längere Konzentrationsfähigkeit und Ausgeglichenheit der Versuchspersonen bei „natürlichen" Bildern. Andere Experimente erwiesen eine kürzere Heilungsdauer bei Patienten, die Rückgriff auf natürliche anstatt „künstliche" Szenerien hatten.

Bei Patienten mit psychischen Problemen und Menschen mit Altersdemenz sind in letzter Zeit verstärkt „gartentherapeutische" Maßnahmen mit Erfolgen angewandt worden. Diese sind in ihrer Bandbreite - vom Vorhandensein eines Gartens bis zu einfachen gärtnerischen Arbeiten - aber nicht vergleichbar.

Dennoch gebe ich eine vorsichtige positive Einschätzung von Heilungspotentialen durch Naturerfahrung aufgrund von Gesprächen mit Therapeuten und eigener Erfahrungen ab. Nicht die Wiederherstellung von Gesundheit, auch dessen dauerhafte Erhaltung ist hier von Belang.

Fleischhauer stellt die These auf, dass die seelische Stabilität des Menschen als sinnlich wahrnehmendes Wesen auf eine vielschichtige Sinneswahrnehmung angewiesen ist. Gebhard bemerkt, dass Gesundheit mit den Begriffen Zufriedenheit, Sicherheit und Wohlbefinden verknüpft ist. Außerdem sei eine umfassende Betrachtung des Umfelds erforderlich: wo das Wohnumfeld vielerlei Mängel aufweist, reicht der Garten nicht aus. Kompensatorische Funktionen kann er meines Erachtens dennoch erfüllen.

„Immerhin gibt es eine Reihe von Hinweisen, daß in der Tat Naturerfahrungen die seelische Entwicklung und wohl auch die Gesundheit positiv zu beeinflussen in der Lage sind, wenn auch noch einige Fragen offen geblieben sind." (Sichler, S. 143).

3.6 Zusammenfassung und planerischer Ausblick

Wie wir gesehen haben, ist sinnliche Wahrnehmung das Zusammenwirken verschiedener Komponenten: der Reiz der Außenwelt; die Aufnahme durch ein hochsensibles Sinnesorgan; die Weiterleitung im celebralen Netz; die kognitive Einordnung und Verknüpfung des Wahrgenommenen.
Wahrnehmung ist ein aktiver Vorgang, der Erfahrungen, Emotionen, die gesamte Biographie einbindet. Dieser komplexe Vorgang konstituiert das Bewusstsein.

Wir konstruieren Wirklichkeit durch Wahrnehmung auf vielen Ebenen. Die Sinneswahrnehmung wird jedoch immer beeinflusst von Faktoren, die die Wahrnehmung bewerten.
Wilkens sagt in Bezug auf die visuelle Wahrnehmung: „Wir sehen, was wir erwarten".
Dies lässt sich auch auf andere Sinneswahrnehmungen übertragen.
Sinneswahrnehmungen werden immer mit individuellen und gesellschaftlichen „Kommentaren" unterfüttert und bewertet. Auf diese Weise kann sich der Mensch im Laufe seines Lebens ein Repertoire aneignen, das auch in komplexen und ungewohnten Situationen die Selbständigkeit erhält.

Wahrnehmung dient aber auch als Speicher unterschiedlich determinierter Daten.
Die eingeschlossenen Daten umfassen alle Bereiche des Lebens - persönliche wie solche, die aus sozialer Interaktion resultieren. Emotionen wie Freude, Angst, Behaglichkeit, Trauer, Unbeschwertheit sind dort ebenso eingeschlossen wie Erfahrungen, gesellschaftliche Codes und vieles mehr. Das Wahrnehmungsorgan dient nicht nur zur Orientierung, es ist bewusstseinsbildend ...

„ Die körperliche Wahrnehmungsfähigkeit ist nichts anderes als ein einziges umfassendes Befriedigungsorgan. Befriedigung ist nicht der durch neutrale Sinnestätigkeit vermittelte Effekt des Wahrnehmens, sondern die Voraussetzung. Befriedigung heißt, in den Dingen sein und die Dinge in sich haben: Verkörperung."(Axthelm, S. 19).
Der Mensch empfindet Befriedigung im Wiederfinden aller in sich selbst eingeschlossenen Eindrücke - dadurch findet er zu sich selbst. Wahrnehmung führt den Menschen also auch zurück zur Komplexität des eigenen Seins. Der Satz von Wilkens - „Wir sehen, was wir erwarten" - ist also vielschichtiger interpretierbar.

Auf die Raumwahrnehmung bezogen, gibt es nicht einen, objektiv wahrnehmbaren Raum, sondern eine Vielzahl individuell interpretierter Räume. Über bestimmte, messbare Raumkonstanten und sozio-kulturelle Essentials mag man sich noch einig werden, aber schon in der Beurteilung, was hoch, eng oder laut ist, werden die Meinungen auseinander gehen ...
Es macht in diesem Punkt keinen Sinn, von Sehenden und Blinden zu sprechen, da auch die Sehenden nicht einheitlich wahrnehmen. Wohl aber werden Blinde in unserer Gesellschaft an bestimmten Punkten ähnliche Erfahrungen gemacht haben und deshalb ähnlich reagieren. Dies gilt besonders für die Bereiche, wo kollektive Erfahrung wie Ausgrenzung und Diskriminierung in eine Marginalisierung von Raum münden.

Blindheit heißt nicht, wie vielfach in Unwissenheit unterstellt wird, den teilweisen oder völligen Verlust intellektueller und kognitiver Fähigkeiten.

„Das Abbild der Welt eines blinden Gehörlosen ist kein anderes Abbild eines sehend Hören-den, ist aber aus einem anderen Baumaterial geschaffen, aus einem anderen sinnlichen Stoff gewebt." (Leontjew, 1981).

Die Orientierungsmuster im Raum gleichen sich bei Blinden und Sehenden in der Methodik von Außenwahrnehmung und Interpretation durch das Selbst.
In bestimmten Bereichen (z.B. typologische Wahrnehmung) sind die Unterschiede unerheblich, weil sie durch das Zusammenspiel von Sinneswahrnehmung und kognitiven Fähigkeiten kompensiert werden können. Die Unterschiede werden immer dann deutlich, wenn sich Wahrnehmung nicht einfach kompensieren lässt. Dann können sowohl erhebliche zeitliche Differenzen (im Verhältnis zu Sehenden) auftreten als auch der Schwellenwert für eine Ermüdung deutlich niedriger liegen.
Grundsätzlich ist aber eine räumliche, dreidimensionale Raumwahrnehmung möglich.
Für taubblinde Menschen gilt dies eingeschränkt in Bezug auf die Tastfähigkeit auch, durch den Verlust beider Fernsinne ist die räumliche Wahrnehmungsfähigkeit aber auf einen kleinen Wirkungskreis reduziert.

Die Entkörperlichung des Menschen in seiner Alltagswelt - bei Blinden wie bei Sehenden - wirft die Frage nach einer neuen Sicht körperlicher Wahrnehmung auf. Ob in einer reizarmen oder reizüberfluteten Atmosphäre oder in der Trennung zwischen einer rationellen Arbeits-wahrnehmung und einer privatisierten Sinnlichkeit, primäre sinnliche Erfahrungen verengen sich immer mehr auf wenige, meist optische Faktoren. Der Gegenentwurf ist eine selbst-bewusste Sinnlichkeit, der den Körper nicht länger als Hindernis (vgl. R. v. d. Lippe), Hülse oder Defizit, sondern als Medium zur *„Wahrnehmung als ästhetische Form der Tätigkeit"* (Kloth) in Wert setzt.

Der Naturwahrnehmung kommt dabei eine besondere Rolle zu, weil sie im besonderen den Dialog des Individuums mit sich selbst und seiner Umwelt fördern kann. Seel unterscheidet drei Arten der Naturwahrnehmung, die meines Erachtens auch für die Gartenplanung wichtig sind:

- Kontemplative Wahrnehmung, die eine eher „passive" Aneignung des Gartens darstellt.
- Korrespondive Wahrnehmung, die eine aktive Aneignung beinhaltet.
- Imaginäre Wahrnehmung, die hauptsächlich auf der Ebene der Bewusstseinsbildung des Menschen wirkt.

Alle drei Wahrnehmungsebenen ziehen komplexe Strukturen in Planungsverständnis und Umsetzung mit sich, die ich im folgenden skizzieren möchte. Die Erkenntnis, dass die Wahrnehmung aufgrund kognitiver und biographischer Prozesse vergleichbar ist (weil sie nämlich bei keinem Menschen gleich ist), könnte zu der These führen, dass es keiner besonderen Aufgabenstellung in Bezug auf die Gartenplanung bedarf. Dieser (etwas beliebige) Ansatz wird aber zum einen dadurch widerlegt, dass wir inzwischen wissen, dass der Verlust von Umwelt-informationen bei blinden und taubblinden Menschen kompensiert, nicht nihiliert werden kann; dass außerdem Unterschiede in zeitlicher Hinsicht und der Aufnahmefähigkeit bei den beeinträchtigten Menschen bestehen. Da die Zielgruppe aber eine Reihe weiterer planungsrelevanter Eigenschaften wie Alter, Mobilität etc. aufweist, möchte ich lieber von sensibler Planung denn von blindengerechter Planung sprechen. Folgende Aspekte sind zu benennen:

Der erreichbare Garten

Erstes Kriterium ist Orientierung und Einfachheit der Erschließung des Gartens.
Die Erschließung sollte einfach, leicht zu finden und übersichtlich sein.
Dies gilt für Bewohner im gleichen Maß wie für Besucher. Das bedeutet auch, dass eine Reihe von Behindertenstellplätzen in der Nähe vorgehalten werden muss und die Orientierung von öffentlichen Verkehrsmitteln gewährleistet werden sollte.

Erreichbar heißt aber auch, dass die Bewohner in ihren Appartements die Existenz eines Gartens wahrnehmen können. Die Verzahnung von Gebäude und Freiraum muss (nicht nur visuell, sondern auch akustisch und olfaktorisch) gewährleistet sein.
Ziel der Planung soll sein, den Garten „ins Gebäude zu holen" und einen Anreiz für den Gartenbesuch zu schaffen. Die Verbesserung der Atmosphäre, falls die momentane Situation keinen Gartenbesuch zulässt, ist ein zusätzlicher Aspekt.

Der alltagstaugliche Garten

Alltag setzt voraus, dass ich mich in unterschiedlichen Situationen befinde, je nach „Tageslaune" unterschiedlichen Stimmungen unterworfen bin und infolgedessen unterschiedliche Vorlieben habe. Ein Garten muss darauf eingehen. „Mal eben frische Luft schnappen" gehört ebenso dazu wie ein längerer Spaziergang, das Treffen im Hof oder längere Pausen am Sitzplatz, um nachzudenken etc. Gleich welcher Aktivität, muss der Garten sinnliche Wahrnehmung, ob bewusst oder unbewusst, mit einschließen.

Der beiläufige Garten

Nur ein Teil der Umweltinformationen, die uns erreichen, dringen ins Bewusstsein.
Vieles wird im Unbewussten gespeichert, beeinflusst uns aber dennoch mit.
Die Bereitschaft, Dinge sinnlich wahrzunehmen, hängt von vielen Faktoren ab. Wir können und wollen nicht immer „hellwach" durch den Garten gehen.
Im Alltag ist das „Abschalten" ein genau so natürliches Bedürfnis wie ein aktives Erleben.

Es muss möglich sein, den Garten nur atmosphärisch-beiläufig wahrzunehmen.
Dafür bedarf es einer Gartenhierarchie, die nicht alle Orte in derselben Wahrnehmungsintensität ausstattet und dennoch dafür sorgt, dass der Garten an keiner Stelle reizarm wird.

Der vielschichtige und interpretierbare Garten

Garten ist menschlicher Erfahrungsraum. Die Komplexität der Wahrnehmung und die unterschiedlichen Lebensentwürfe (und Tagesentwürfe) fordern ein mehrdimensionales Bild, das nicht nur am Vordergrund kleben bleibt.
Ein botanischer Garten ist hier ebenso unangebracht wie ein Instrumentengarten, bei dem Sinneswahrnehmungen in Instrumente verpackt, von ihrer Funktion losgelöst sind.
Ästhetik und Funktion durchdringen einander und können unterschiedlich interpretiert werden.

Der Garten als Zeit-Raum

Die Wahrnehmung unterschiedlicher Zeitintensitäten ist ein Kernpunkt in den Planungsüber-
legungen für den Freiraum.

Das Herausarbeiten dieser beide Elemente kann eine wesentliche Erfahrung im Dialog Mensch
und Umwelt darstellen, bei dem die Vielschichtigkeit von „primären" Naturerfahrungen
anhand der Wahrnehmungsintensität z.B. von Jahreszeiten oder klimatischen Erfahrungen
deutlich wird.

Die Unterschiedlichkeit z.B. einer Pflanze im Sommer und im Winter, der wiederkehrende
Jahresrhythmus sind wichtige Aspekte der Zeitlichkeit des Gartens und der eigenen Existenz.
Der zeitliche Garten muss aber auch den subjektiven Bedürfnissen des Menschen und seiner
„Tagesform" entsprechen. Das bedeutet für die Planung, verschiedene „Geschwindigkeiten"
der Wahrnehmung einzuplanen. Schnelles Erfassen(-wollen) einer Gartensituation muss
ebenso möglich sein wie die langsame (und vorsichtige) Inbesitznahme.
Monostrukturen, die Konkurrenzsituationen und Frustrationserlebnisse begünstigen, sind zu
vermeiden (es sei denn, Konkurrenz ist ein Teil des pädagogischen Konzeptes, was ich mir
aber nicht so recht vorstellen kann).

Der Garten als Erlebnisraum

Wie vorhergehend beschrieben, kommt dem Garten als sinnlicher Gegenpart einer sinnarmen
Umwelt eine zentrale Bedeutung als Erlebnisraum zu. Das sinnliche Erleben spielt sich auf
verschiedenen Ebenen ab: aktiv und passiv, allein oder als Gruppe, Ansprechen unterschiedlicher Emotionen.

Bei mobilitätsgeschädigten Menschen, deren Radius stark eingeschränkt ist, kann der Garten
einen Ausgleich des Naturerlebnisses bieten, da diese Gruppe selten die Möglichkeit hat,
Naherholungsgebiete oder ländliche Regionen zu besuchen.
Für Kinder und Jugendliche ist der Garten der Raum des Begreifens, der sinnliche Erfahrung
als Erfahren von Distanz und Nähe zum Grundstein sozialen Verhaltens hat. Die beständige
Erweiterung des Radius und der Abbau von Berührungsängsten kann spielerisch im Garten
erlernt werden und fördert die weitere Entwicklung.

Garten als Erlebnisraum meint aber nicht nur die vielfältige Sinneswahrnehmung, sondern wir
haben gesehen, dass die Wahrnehmung auch immer in uns eingeschlossene Gefühle freisetzt.
Der Garten soll ein möglichst breites Spektrum an Gefühlen beinhalten, in der Angst oder
Unsicherheit durchaus (moderat) Platz finden können.
Diese gehören zum menschlichen Repertoire an Emotionen selbstverständlich dazu, und
wohldosiert steigern sie die Wirkung anderer (positiv besetzter Gartenteile).
Ich bin mir bewusst, dass ich mit dieser Haltung eine Distanz zu vielen Planungen aufbaue, die
den Sicherheitsaspekt in einer sonst für Sehgeschädigte unsicheren Welt herausheben.
Ich frage mich aber, ob durch den eher behütenden Ansatz die Abhängigkeit und Hilfsbedürf-
tigkeit sehbehinderter Menschen verstärkt wird. Außerdem gehören Emotionen zu einem
Naturerlebnis dazu. Die Unterschiedlichkeit und das Erleben der eigenen emotionalen Vielfalt
sollte sehbehinderten Menschen nicht vorenthalten werden.

Der Garten als Orientierungsraum

Auch wenn der Garten kein „Trainingslager" ist, können Sehgeschädigte hier in Sicherheit ihre Fähigkeiten ausbauen. Der Garten muss „Selbstversuche" ebenso ermöglichen wie das Üben in Begleitung (Trainer oder Besucher) und soll ein breites Spektrum an sinnlichen Eindrücken und -situationen beinhalten.
Das heißt aber auch, dass der Garten „schwierige" Situationen beherbergen muss.

Ein Beispiel: Ich fragte diesbezüglich den Orientierungs- und Mobilitätstrainer der Einrichtung, Herrn Bartling, was er von der Forderung nach ausschließlich rechten Winkeln in der Wege-führung hielte und erhielt die für mich plausible Antwort, dass in der Stadt auch nicht nur gerade Winkel vorkämen. Wichtiger ist in dem Zusammenhang, dass die sehbehinderten Benutzer des Gartens in schwierigen Situationen die Möglichkeit bekommen, wieder schnell in den sicheren Bereich zu gelangen, wenn sie es wünschen.

Der Garten als Gesundheitsraum

Als Gegengewicht zum Arbeits- und Heimalltag soll der Garten Bewohnern, Angestellten und Besuchern gleichermaßen dienen. Er besitzt aber auch therapeutische Ausgleichsfunktion in schwierigen Lebenslagen und fördert den Aggressionsabbau.
Dies gilt für alle Besuchergruppen, ob alltags- oder berufsgestresst, gleichermaßen.
Für Sehbehinderte im akuten Stadium der Krankheit hat der Garten aber aufgrund der ausglei-chenden Funktion besondere Bedeutung.

Der Garten als Kommunikationsraum

Er fördert nicht nur den Dialog des Menschen mit der inneren und äußeren Natur, sondern unterstützt auch zwischenmenschliche Kommunikation durch ein Netz von unterschiedlichen Räumen und Treffpunkten. Dabei soll die Kommunikation der Bewohner untereinander, mit Angestellten, aber auch der Austausch mit „Auswärtigen" angeregt werden.
Der Garten muss ein Netz von Angeboten bereithalten, das unterschiedliche Kommunikations-formen ermöglicht und fördert, aber nicht erzwingt. Die Entscheidung, ob man sich allein, zu zweit, in einer kleineren oder größeren Gruppe im Garten aufhält, soll nicht durch äußere Strukturen vorbestimmt sein.

Bezüglich der Gartenstruktur ergeben sich folgende Vorgaben:

Zur Form

- Klar erkennbare Formen, die nicht immer rechtwinklig oder gleichmäßig gerundet sein müssen, aber eine klare Redundanz aufweisen, um wiedererkennbar zu sein (Prägnanzgesetz).
- Keine Vermischung von Figuren, da bei Gleichzeitigkeit von Symmetrie und Asymmetrie die symmetrische Form als Figureigenschaft wahrgenommen wird.
- Unterschiedliche, klar erkennbare Materialien können durchaus zusammen eingesetzt werden, um die Unterschiedlichkeit wahrnehmen zu können.
- Auf den Garten verteilt, soll eine Varianz an Form, Geräusch und Geruch erreicht werden.

Zur Struktur

- Kleinere Einheiten sind Megastrukturen vorzuziehen, um die Übersichtlichkeit zu erhalten und einer Ermüdung vorzubeugen. Dem Bedürfnis nach Sicherheit insbesondere der taubblinden Besucher des Gartens wird durch kleine, überschaubare Einheiten nachgekommen.

- Das Körpermaß, nicht visuelle Abmessungen sind der Bezugspunkt der Planung.
  „Die Architektur arbeitet - ähnlich der Bildhauerei - mit dreidimensionalen Körpern, aber ihre Anordnung ist von den Handlungen der Menschen, die sie beherbergen muß, bestimmt. (...) Vielleicht ist die Gartenarchitektur mehr mit der Bildhauerei als der Architektur verwandt, denn ihre Gestaltungen werden geformt, geschnitten und angeordnet, und nicht konstruiert wie in der Architektur. " (Garrett Eckbo).

- Komplexität sinnlicher Eindrücke: die Simultanität von sinnlichen Eindrücken wird zum Gestaltungsmerkmal des Gartens. Es muss möglich sein, am selben Ort zu unterschiedlichen Zeiten und mit einer veränderten Aufmerksamkeit unterschiedliche Dinge wahrzunehmen, Orte auch unterschiedlich zu bewerten. Voraussetzung ist aber eine Prägnanz dieser Orte, um eine Verwirrung zu vermeiden.
  Die Simultanität der Sinneseindrücke soll auch zu Übungszwecken im Orientierungs- und Mobilitätstraining zum Einsatz kommen, um die Selektion unterschiedlicher Sinneseindrücke zu erproben.

- Klarheit der Struktur: zur Orientierung ohne Hilfe und der „dosierten" Übung von Grenzsituationen ist eine typologisch klare Struktur vonnöten, die ihre Spannung aus der Varianz innerhalb eines Rahmens und nicht der freien Improvisation bezieht. Das heißt auch, dass für die verschiedenen Gartenräume ein deutlich lesbares Raumkonzept erarbeitet wird.

Anmerkung

Ich habe im vorangegangenen Text Grundsätze für die Gartenplanung formuliert, die weder als Richtlinien, noch als Entwurfsmaßstäbe verstanden werden sollen. Die Informationen der letzten Kapitel werden vielmehr zu einer Planungsphilosophie verdichtet, die auch als Beurteilungshilfe der im nächsten Kapitel vorgestellten Beispiele dienen kann.

4. Die Rolle der Planung

4.1 Entwicklung des Blindenwesens

Geschichte der Blindeneinrichtungen

Altertum

Über die Rolle der Blinden sind seit dem Altertum verlässliche Quellen erhalten. Schon 400 v. Chr. datieren Quellen in Ägypten spezialisierte Augenärzte. Im antiken Griechenland wissen wir allerdings nur um die Rolle berühmter Blinder: ihnen wurden aufgrund ihrer geistigen Beweglichkeit hellseherische Fähigkeiten zugewiesen.
Der berühmteste Blinde der griechischen Antike war Homer.
Im gälischen Kulturkreis nahm Ossian diese Rolle ein.
Während im alten Ägypten Behinderung keine gesellschaftliche Benachteiligung nach sich zog und sogar frühe Formen der Armen- und Blindenfürsorge existierten, wurden blinde Kinder im antiken Griechenland und Rom nach der Geburt entweder getötet oder ausgesetzt.

Homer

Mittelalter

Im Mittelalter wurden durch den Einfluss der christlichen Lehre keine Menschen mehr aufgrund ihrer Blindheit getötet. Der gesellschaftliche Status war aber niedrig.
Man hielt sie für sentimentale und bemitleidenswerte Geschöpfe, die einer göttlichen Strafe unterliegen (Ostertag).
In der Regel sind die Blinden im Familienverband eingebunden. Wenn nicht, sind sie durch Bettelei auf Almosen angewiesen oder bekommen im Glücksfall Unterkunft bei wohlhabenden Bürgern. Über die Errichtung von Blindenspitälern wird vereinzelt berichtet.
Der Bau des Memminger Spital St. Nikolai ist urkundlich 1109 datiert.
Ein großes Blindenhospiz entstand in Paris für 300 Kreuzzügler, die angeblich von den Sarazenen geblendet worden waren (Hospice des Quince-Vingts). Dieses Spital in Europa blieb aber die Ausnahme. Die Unterscheidung zwischen den Kreuzzüglern und „normal" Erblindeten bestand offenbar darin, dass letzteren verminderte geistige Fähigkeiten zugetraut wurden und der König den Kreuzzüglern eine Ehre erweisen wollte. Das Gesundheitswesen des Mittelalters war außerdem aufgrund vergleichsweise geringer medizinischer Kenntnisse wenig entwickelt. Die Blindheitshäufigkeit wird auf 3-5% geschätzt. Mit der Einrichtung von Siechenhäusern seit Beginn des 14. Jahrhunderts wurden Blinde auch vereinzelt dort untergebracht.

Neuzeit

Bis ins 18. Jahrhundert waren blinde Menschen Zielscheibe gesellschaftlichen Spotts, ohne Anspruch auf Förderung. In der zweiten Hälfte des 18. Jahrhunderts entstanden die ersten Blindenerziehungsanstalten. Zwar waren Unterrichtsmethoden für Blinde auch vorher bekannt, aber ausschließlich auf das wohlhabende Bürgertum und die Aristokratie in Einzelunterricht beschränkt.

Die Gründung der ersten Häuser geht auf den Franzosen Valentien Hauy zurück, auf dessen Initiative 1784 eine Blindenschule in Paris ins Leben gerufen wurde. Hauy wurde zum Motor einer beginnenden Entwicklung. Er bereiste Rußland und Preußen, wo infolgedessen Blindenschulen gebaut wurden.

Von da an stieg die Zahl der Einrichtungen kontinuierlich: In England, Österreich und Italien (Neapel) entstanden Einrichtungen, in Deutschland zählte man bis 1938 dreißig Einrichtungen.

Im 19. Jahrhundert vollzog sich durch die Schaffung von Standards (Bildungs-, Arbeitsstätten, Heimen) erstmalig der Wandel vom Fürsorge- zum Sozialleistungsprinzip. Durch den sprunghaften Anstieg der Kriegserblindungen im ersten

Blinde Musiker

Weltkrieg erhöhte sich auch die Zahl der Blindeneinrichtungen in der Weimarer Zeit. Über die Zeit des Dritten Reiches liegen mir keine Informationen vor.

Zwar ist bekannt, dass die Nazi-Ideologie der „Volkshygiene und Volksgesundheit" Hunderttausenden von Behinderten das Leben gekostet hat - inwieweit Blinde davon betroffen waren, ist mir nicht bekannt. Gleichzeitig wuchs das Heer von Menschen, die aufgrund einer Kriegseinwirkung erblindeten, stark an.

In den 60er Jahren begann ein Boom an Neueinrichtungen von Blindenheimen und die flächige Versorgung mit Blindenschulen. Meistens entstanden introvertierte Wohn-, Ausbildungs-, und Arbeitskomplexe. Seit den späten 80er Jahren ist eine langsame Trendwende hin zur Einzelförderung und der Förderung anderer Wohnformen zu beobachten, z.B. integrativen Wohnprojekten (aus: Enzyklopädie des Blindenwesens).

Geschichte der Blindengärten

1939 öffnete der erste Blindengarten der Welt in Exeter, England. Nach einjähriger Vorbereitungszeit wurde er auf Initiative des Inspektors der öffentlichen Gartenanlagen von Exeter als weltweit erster „Blindengarten" geschaffen.

1949 wurde in Hastings, England, der zweite Blindengarten fertiggestellt.

In den 50er Jahren begonn die Idee auch auf anderen Kontinenten, hauptsächlich den Vereinigten Staaten, Fuß zu fassen. In Los Angeles, Brooklyn, Burrwood, New York, Chicago, Toronto und Victoria entstehen nordamerikanische Blindengärten. Auch in Lima/Peru, Capetown/Südafrika, und Tsubosaca/Japan, wurden Blindengärten gebaut. Der Schwerpunkt lag aber nach wie vor in Großbritannien: eröffnete man 23 Gärten in den 50er Jahren.

Der erste Blindengarten auf dem europäischen Festland öffnete 1954 in Kopenhagen seine Tore; es folgten 1956 Den Haag und 1959 Wien und Zürich.

In Deutschland eröffnete 1959 der erste Blindengarten in Berlin-Dahlem. Es folgten in den 70er Jahren eine Reihe öffentlicher Parks: Hamburg, Stuttgart, Mönchengladbach. Neben öffentlichen Parks entstanden Blindenlehrpfade in Kassel (1973) und Eggelohe.

Im Zuge der stetigen Bewusstseinsbildung einerseits und der immer stärker werdenden Mittelknappheit der öffentlichen Kassen andererseits verlagerte sich der Schwerpunkt der „Blindengärten" seit den 80er Jahren zunehmend in den privaten Bereich. Zwar nimmt der Bereich der „Sinnesgärten" in den Bundes- und Landesgartenschauen zu (die in Teilen jedoch als wenig blindengerecht in die Kritik geraten), andererseits verlagert sich der Bereich der Blindengärten zunehmend in den Bereich sozialer Träger. Viele dieser Gärten sind nicht mehr öffentlich zugänglich.

1989 wurde in Bremen ein Blindengarten in einem öffentlichen Park eröffnet, dessen Träger ein Verein ist, der zu diesem Zweck gegründet wurde. Diese Initiative blieb jedoch meines Wissens einzigartig.

Die Pflege der vorhandenen Blindengärten stellt für viele Kommunen ein Problem dar, da der Pflegeaufwand dieser Gärten in der Regel den „normaler" öffentlicher Anlagen übersteigt. Die Folge ist in einigen Fällen mangelnde Pflege. Dadurch erhöht sich das Risiko der Haftung bei Unfällen.

Aus diesen Gründen werden inzwischen Bestrebungen der einzelner Kommunen deutlich, die Anlagen „zurückzubauen", wie z.B. im Jahr 2000 in Leipzig. Der dortige Blindenverband konnte diese Bestrebungen noch abwehren.

Gleichzeitig beginnt sich auf informeller Ebene eine Vernetzung von Protagonisten und Einrichtungen zu vollziehen, mit dem Ziel der effizienteren Öffentlichkeitsarbeit und des Informationsaustausches. Die Vereinigung der Therapiegärten, 1989 gegründet, bildet ein jährliches Forum, bei dem Sozialarbeiter und Therapeuten mit Landschaftsarchitekten Erfahrungen austauschen können.

Dabei werden weitestgehend alle Formen „therapeutischer" Gärten wie Gärten zu Rehabilitationszwecken, Gärten für Blinde, Gärten für Demente etc. vorgestellt.

In der „Villa Storchennest" in Radeberg bei Dresden finden seit einigen Jahren Seminare zum Thema „Gärten für blinde und taubblinde Menschen" statt.

Von den Organisatoren wird mittelfristig ein Forum angestrebt, das die Diskussion auf die Ebenen der Kommunen und sozialen Träger ausdehnt und die Belange blinder und taubblinder Menschen in Bezug auf nutzbare Freiräume selbstbewusst vertreten kann.

4.2 Gebaute Beispiele in Deutschland

Im folgenden werden drei in Struktur und Trägerschaft unterschiedliche Anlagen vorgestellt. Dabei geht es nicht um die Gegenüberstellung guter und schlechter Beispiele, sondern um einen Vergleich unterschiedlicher Konzeptionen im Hinblick auf das Finden einer eigenen Planungskonzeption. Bei allen Beispielen lassen sich gute Ansatzpunkte sowie Defizite benennen, dennoch sind die Gärten in Radeberg, Leipzig und Berlin im Verhältnis zu den anderen von mir angeschauten Anlagen am konsequentesten in Planung und Umsetzung.

„Villa Storchennest" - Radeberg bei Dresden

Träger

Taubblindendienst e.V. beim Diakonischen Werk Dresden

Größe der Anlage

ca. 1 ha

Klientel

Hauptadressaten sind Blinde und Taubblinde, die hier in Zeiträumen von einigen Wochen untergebracht sind; daneben finden offene Seminare statt.

„Villa Storchennest"
mit Vorgartenbereich

Geschichte

Das ehemalige Kinderheim ist 1990 vom Träger gekauft und grundlegend renoviert worden. Die Gartengestaltung erfolgte in den Jahren 1993-96 und hat den vorhandenen Baumbestand in das Konzept integriert.

Lage in der Stadt

am Südrand von Radeberg, ca.1 km vom Zentrum entfernt

Erreichbarkeit

mit dem Bus vom Bahnhof Radeberg, fußläufig 2 km zum Bahnhof; Gäste können vom Bahnhof abgeholt werden.

Konzept

Das Gebäude, eine Villa aus der Gründerzeit, teilt den Garten in zwei Bereiche:
Einen terrassierten Westteil mit Brunnen, Frühjahrsblühern, Rosen und einer Laube. Dieser (kleinere) Teil ist der Straße zugewandt und lärmintensiver. Der östliche Hof- und Gartenteil ist gekennzeichnet durch Duftpelargonien, Lauben, Hochbeete und ein großes Koniferensortiment.
Schwerpunkt des Gartens ist die haptisch-olfaktorische Pflanzenerfahrung. Hierfür stehen verschiedene Bereiche, die das ganze Jahr über Pflanzenerlebnisse fördern, zur Verfügung.

Wege

Der Gartens weist eine Wegehierarchie auf. Neben dem Hauptweg mit Handlauf existieren Wegebereiche in der Wiese, unter Bäumen und ein Netz von unterschiedlich gepflasterten Wegen auf der Westseite. Als Wegematerialien sind gewählt: Gehwegplatten, wassergebundene Decken, Rindenmulch, Natursteinkleinpflaster und Weymouthkiefernadeln.

Tastpfad im hinteren Gartenteil   Hinweis Wegekreuzung am Handlauf

Pflanzbeet mit römischer Kamille

Pflanzen

Der Garten bietet eine große Auswahl an verschiedenen Pflanzen mit Duft- und Tastqualitäten. Viele Pflanzen sind hier neu erprobt worden. Aus diesem Grund ist das Fachwissen, die Pflanzen betreffend, sehr groß. Schwerpunkte liegen im Bereich Duftpelargonien, Sträucher und Koniferen.
Außerdem gibt es verschiedene Kletterpflanzen, Rosen und Frühjahrsblüher.
Kuriositäten stellen ein „Rasensofa" (Liegehochbeet mit röm. Kamille) und ein Irrgarten (im Entstehen) dar.

Hochbeete

Pflege

Der Pflegeaufwand des Gartens ist relativ hoch, v.a. weil auf die Pflege des Gartens großer Wert gelegt wird. Durch die geplanten Erweiterungen wird sich der Aufwand weiter erhöhen. Momentan sind dort beschäftigt:
1 hauptamtlicher Gärtner, 1 Zivildienstleistender,
3-4 ehrenamtliche Helfer mit einem wöchentlichen Stundenbudget von 4-8 Stunden

Kosten

Der Umbau des Gartens kostete inklusive der Planungsleistungen ca. 2.000.000 DM

Bewertung

Die große Pflanzenvielfalt und die sorgfältige Pflege vermitteln den Gartenbenutzern vielfältige Pflanzenerfahrungen. Die Erschließung des Gartens ist gut gelöst und immer übersichtlich. Innerhalb des Gartens markieren schriftliche Hinweise Abzweigungen, was in Bezug auf Benutzer ohne Braillekenntnisse schwierig werden könnte. In Bezug auf Erfahrungsräume ist das Konzept botanisch geordnet und manchmal zu sehr auf Einzelpflanzen oder -gruppen fixiert anstatt auf Stimmungen oder Gesamtraumwirkungen. Da es sich bei den Gästen des Heimes aber um Kurzbesucher handelt, die aus diesen Gründen die Anlage aufsuchen und hier - gerade die Taubblinden - Ängste vor Freiräumen abbauen können, ist die Gartenkonzeption stimmig. Anhand der hier vorgefundenen vielfältigen Sinneseindrücke kann der Garten als Einstieg dienen, andere Gärten zu besuchen und zu erforschen.

Blindenpark Leipzig

Träger

Stadt Leipzig, Grünflächenamt

Größe der Anlage

6 ha, davon 0,6 ha intensiv gestalteter Bereich, 5,4 ha extensiv gestaltet

Geschichte

Auf Initiative des mitgliederstarken Blindenbezirksverbandes Leipzig entstand der Blindenpark Leipzig in zwei Bauabschnitten zwischen 1986 und 1988. Meines Wissens ist dies die einzige öffentliche Anlage, die in der DDR umgesetzt wurde.

Lage in der Stadt

ca. 1 km von Stadtzentrum und der Deutschen Zentralbücherei für Blinde entfernt, Teil des Stadtparks Rosental.

Erreichbarkeit

Längerer Fußweg (mindestens 500 m von der nächsten Bushaltestelle)

Lage in Leipzig

Klientel

aufgrund der besonderen Lage innerhalb des Parks Blinde wie Sehende, die allerdings mobil sein müssen

Konzept

Der Blindenpark ist eingebettet in einen Stadtpark mit diversen Berührungspunkten zu Sehenden (Wiesen zum Fußballspielen, Zoo etc.). Die Beiläufigkeit der Anlage (Akustik, Wegeführung) spielt innerhalb des Gartens eine große Rolle. Hier wird kein vordergründig pädagogisches Konzept verfolgt, sondern Begegnung und Austausch gefördert. Ein klares Raumkonzept, das den intensiven und extensiven Bereich erschließt, fördert die Orientierung.

Im intensiven Gartenbereich liegt der Schwerpunkt auf einer differenzierten Wegehierarchie und Pflanzeninseln mit Sitzplätzen. Plastiken an markanten Punkten bilden ein weiteres (taktiles) Rückgrat innerhalb der Konzeption.

Wege

Unterschiedliche Beläge kennzeichnen die Wegehierarchie. Verwendet wurden Asphalt, Betonpflaster, wassergebundene Decken und Betonplatten, die in der Wiese verlegt wurden. Aufmerksamkeitsstreifen (Belagwechsel) verdeutlichen Wegekreuzungen und den Wechsel der Bereiche.

Reliefkarten aus Metall dienen als Orientierungshilfe.
Handläufe sind nicht vorhanden; eine Orientierung ist anhand der Wegebeläge und der Akustik möglich.

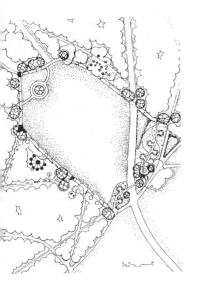

Blindenpark Leipzig

Weg mit Aufmerksamkeitsstreifen

Tastkante

Sitzgruppe mit Tastbeeten

Zentraler Wiesenbereich

Pflanzen

Es gibt eine Aufteilung der Pflanzeninseln nach Arznei- und Gewürzbereich, Blattstrukturen, Fingerformen, Rosen, Gräsern und Duftpflanzen.
Die Nachpflanzung ist in manchen Bereichen nicht oder mit anderen Pflanzenarten erfolgt. Dadurch ist das Pflanzenspektrum begrenzt. In den Sitzbuchten sind die benachbarten Pflanzen im Sitzen gut erreichbar.
Der extensive Bereich mit einem Rundweg führt an einer Waldkante mit unterschiedlichen Baumarten vorbei. Durch die lockere Pflanzung entsteht ein Wechsel von Wärme und Kühle, helleren und dunkleren Bereichen.
In der Mitte befindet sich eine große zweischürige Wiese.

Kosten

nicht bekannt

Pflege

Obwohl der Intensivbereich überschaubar ist, wird er nur unzureichend gepflegt.
In vielen Bereichen wird nicht oder falsch nachgepflanzt, die Tastpflanzen an den Sitz-
bereichen sind z.T. überwuchert und die Bodenbeläge schadhaft.

Bewertung

Das Konzept des Parks wird besonders wegen des integrativen Charakters hervorgehoben.
Vielfältige Erlebnisbereiche lassen die Entscheidung zwischen einer aktiven Aneignung
(intensiver Bereich) und passiver Naturerfahrung („Grillenwiese") zu.
Die fehlende Pflege hat aber erhebliche Auswirkungen auf den Park: z.T. sind die Wege für
Blinde deshalb gefährlich oder verhindern die Orientierung. Die Lücken in den Pflanzbeeten
stiften Verwirrung.
Dementsprechend ist die Erlebbarkeit des Gartens im momentanen Zustand leider einge-
schränkt.

Blindenwohnstätte Berlin-Weissensee

Träger

Blindenverband Berlin

Größe der Anlage

1 ha

Lage in der Stadt

im Stadtteil Weissensee unweit des Weissen Sees gelegen

Erreichbarkeit

ca. 100 m zu Straßenbahn- und Bushaltestelle; Verbindungen auch in die Innenstadt

Übersichtsskizze Garten

Klientel

ca. 100 sehbehinderte alte Menschen im Rentenalter (Durchschnittsalter 80 Jahre)
Motorische und geistige Einschränkungen sind ebenfalls vorhanden. Das Spektrum reicht von
leichter bis zu schwerer Pflege.

Konzept

Der Garten entstand durch den Umbau eines bestehenden, parkähnlichen Grundstückes mit
vorhandenem, alten Baumbestand. Zwei Grundthemen finden sich hier: Ein olfaktorischer
Bereich in Eingangsnähe mit Sommer- und Abendduftgarten und ein akustischer Bereich mit
Gräsern, Bambus und einem künstlichen Wasserfall.
Man findet unterschiedliche Sitzgelegenheiten: Von Plätzen, Pergolen und Lauben als

Gruppentreffpunkte bis zu intimen Sitzplätzen. Der intensive Erlebnisbereich liegt in der Nähe des fünfgeschossigen, sich über die ganze Gartenbreite erstreckenden Gebäuderiegels mit zum Garten ausgerichteten Balkonen. Dadurch ist der Bereich gut erreichbar und der Hör- und Geruchskontakt findet bis ins Gebäude statt. Die Gestaltungsintensität nimmt zum See hin ab. Hier herrscht ein extensives Konzept mit Wegen und dezentralen Sitzplätzen vor.

Sitzbank mit Tastmöglichkeit

Pergola

Wege

Unterschiedliche Wege wurden ausgestaltet: Betonpflaster, wassergebundene Decken, Rand- und Aufmerksamkeitsstreifen aus Lausitzer Granit, Handläufe aus Edelstahl an allen Wegen, Haupt(rund)weg und mehrere Nebenwege

Wege und Bepflanzung in der Nähe des Gebäudes

Weg mit Handlauf

Sitzplatz

Pflanzen

Kennzeichnend ist der hohe Anteil an Gräsern. Es gibt keine Beschilderung der Pflanzen, aber gute Tastmöglichkeiten an den Sitzplätzen. Kletterpflanzen wachsen im zentralen Sitzbereich am Haus. Der Anteil der Hochbeete, welche in Sitzgruppen integriert sind ist gering.

Bewertung

Das Gartenkonzept ist gut durchdacht mit klar erkennbaren Strukturen, eine beiläufige Gartenbenutzung ist möglich. Die Verzahnung Gebäude und Freiraum bleibt von der Erschliessung her unbefriedigend, da durch Niveausprung der Ausgang im Kellergeschoss liegt und unübersichtlich organisiert ist. Die Erfahrbarkeit des Gartens vom Balkon wurde gut gelöst. Über den Kostenrahmen liegen mir keine Informationen vor.

4.3 Kurze Anmerkungen zu aktuellen Tendenzen der Planung

Wer in den Schlagwortkatalogen führender Landschaftsarchitektur-Magazine das Wort „Sinnesgarten" sucht, sucht in der Regel vergeblich. Das könnte zweierlei bedeuten: Die Terminologie ist „out" und Planung, die die Sinne mit einbezieht, taucht unter anderen Namen auf. Oder sie spielt in aktuellen Diskussionen der Profession keine Rolle und wird daher nicht diskutiert.

Zum ersten Punkt wäre zu sagen, dass auch veränderte Vorzeichen und findige Begriffs-drehungen kein anderes Bild zutage gefördert haben.

Erst die Recherche der Veröffentlichungen von Landschaftsarchitekten ergab einige Erfolge: Dieter Kienast spricht im Zusammenhang mit der Gartengestaltung von einem sinnlichen Ort, der im wohltuenden Kontrast zur Strenge des Wohnhauses der klassischen Moderne steht, ohne den Versuch zu machen, diese zu negieren. Vielmehr ergänzen sich beide zu einem Diskurs über die Natur. Das zweite Beispiel erläutert den Garten der Fondation Jeantet in Genf. Das Prinzip des Hortus conclusus am Rande eines belebten Straßenraumes, eines mit Kirschbäumen und Schieferplatten ausgestatteten Gartens, mit Wasser in einer tragenden Rolle, stellt das gleiche wie bei Kienast dar: Steigerung durch Gegensätzlichkeit.

Neuere Planungen, die konzeptuell die Vielschichtigkeit der Wahrnehmung im Garten thematisieren, existieren also, neigen aber zum Understatement.
Und sie scheinen, zumindest in der aktuellen Diskussion, rar gesät zu sein.
Die Gründe dieser Entwicklung liegen für die meisten Autoren in einer seit dem 18. Jahrhundert beginnenden und bis heute andauernden „antikörperlichen" Tendenz; Corbin verweist auf die Desodorierung als ein Mythos der Stadtplanung - bis heute - zur Bekämpfung krankheitsbringender Miasmen und Keime und sieht folgende Konsequenzen:
„Die Ächtung des Geruchsinns - von Buffon als Sinn der Animalität bezeichnet, von Kant aus dem Feld der Ästhetik verbannt, später von Physiologen zum bloßen Überrest der Ästhetik erklärt und von Freud mit der Animalität verknüpft - hat das, was die Gerüche zu sagen haben, unter Verbot gestellt. Doch die Revolution der Wahrnehmung, die Vorgeschichte unserer heutigen, zur Geruchlosigkeit verdammten Umgebung, kann und darf nicht länger verschwiegen werden." (Corbin, S. 299).

Sennett vertritt die These, dass der Traum einer durchlüfteten, von Schmutz und Unrat befreiten Stadt des 19. Jahrhunderts nebenbei auch Volksaufständen den Boden entziehen sollte - Zusammenrottungen von Menschen sollten planerisch unterbunden werden, der ständige Fluss von Körpern wurde zum neuen Idealbild der modernen Stadt.
Berndt verweist auf die enge Verbindung der Hygienebewegung des 19. Jahrhunderts mit den Protagonisten der Moderne. Das Reine, das Notwendige, die saubere Knappheit, werden zum Vorbild der Architekten der klassischen Moderne.
Allerdings argumentieren die Architekten nicht mehr hygienisch, sondern ästhetisch.
Im Dritten Reich werden die Gedanken der Hygienebewegung des 19 Jahrhunderts laut Berndt wieder aufgegriffen und in städtebauliche Leitlinien gegossen, die Zeilen- und Reihenhaus-bauten im Vergleich zum Blockrand bevorzugen.
Letztendlich dient dieser Argumentationsstrang aber auch zur Legitimation eugenischer und

rassepolitischer Ziele. Das Leitbild der gegliederten und aufgelockerten Stadt enthält laut Berndt ebenfalls noch im Kern den Einfluss der Hygienebewegung, wenn auch unter deutlich anderen Vorzeichen als im Dritten Reich.

Eine weitere Tendenz der Entkörperlichung wird durch eine mobile Gesellschaft deutlich, in der der Körper über weite Strecken transportiert wird, aber seine Eigenständigkeit und Kompetenz in der umfassenden Wahrnehmung der Umwelt weitgehend einbüßt.

Trotz dieser Entwicklung in der Planung sind in den letzten fünfzehn Jahren zumindest drei Entwicklungsstränge immer deutlicher zutage getreten, die in eine umgekehrte Richtung laufen. Diese drei Stränge sind aus meiner Sicht noch weitgehend isoliert und verfolgen auch unterschiedliche Ziele. Als erstes wäre eine in den Umrissen recht vage Gruppierung zu nennen, die anthroposophisches und auf den Grundlagen der Ökologiebewegung entstandenes Gedankengut vertritt.
Dieser Gruppierung ist auch im wesentlichen der späte Erfolg Kükelhaus'scher Theorien zu verdanken. Hier scheint ein kurzer Diskurs notwendig: Kükelhaus, gelernter Tischler und Architekt, fordert in seinen Schriften eine Versinnlichung der Architektur durch Einbeziehung verschiedener Wahrnehmungsebenen. Dabei operiert er mit einem Körperbegriff, der Sinnes-tätigkeit auf eine theoretisierende Basis stellt und Gefühle und autobiografische Wahrneh-mung als Aspekte der Sinneswahrnehmung weitgehend ausklammert.
Kritiker greifen in erster Linie den Teil der Kükelhaus'schen Planungsphilosophie an, der

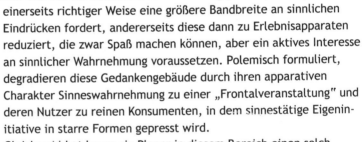

einerseits richtiger Weise eine größere Bandbreite an sinnlichen Eindrücken fordert, andererseits diese dann zu Erlebnisapparaten reduziert, die zwar Spaß machen können, aber ein aktives Interesse an sinnlicher Wahrnehmung voraussetzen. Polemisch formuliert, degradieren diese Gedankengebäude durch ihren apparativen Charakter Sinneswahrnehmung zu einer „Frontalveranstaltung" und deren Nutzer zu reinen Konsumenten, in dem sinnestätige Eigenin-itiative in starre Formen gepresst wird.
Gleichwohl hat kaum ein Planer in diesem Bereich einen solch großen Erfolg vorzuweisen wie eben Kükelhaus.

„Klangrohre"

Neben der Kükelhaus'schen Gesellschaft zur Weiterführung seiner Gedanken und Ideen existiert eine Vielzahl von Planungen mit Kükelhaus'schem Gedankengut.

Auf Kinderspielplätzen gehört es inzwischen fast zum guten Ton, Spielgeräte nach Kükelhaus zu installieren. Einige Geräteanbieter bieten inzwischen ein breites Sortiment an.

Klanghölzer

Die zweite Gruppierung hat Planung für die Sinne als therapeutischen Ansatz entdeckt. Auftrieb bekommt diese Gruppe durch Studien aus den USA, die die Unterstützung von Heilungserfolgen durch Gärten beweisen (z.B. die Langzeitstudie von Dr. Roger Ulrich, verglei-che Topher Delaney, Gärten des 21. Jahrhunderts, S. 47). In den USA beginnt auch die Ent-wicklung, dass soziale Einrichtungen wie Krankenhäuser und Altenheime eine zielgruppenorientierte Gartenumgestaltung vornehmen.

Es entstehen Gärten für Krebskranke, Alzheimer- und Aids-Patienten. Diese Entwicklung hat gegen Anfang der Neunziger Jahre des letzten Jahrhunderts auch in Deutschland Fuß gefasst. Hierbei sind die Protagonisten dieser Gruppierung aus unterschiedlichen Berufsgruppen und nur in geringem Umfang Planer.

Die Vereinigung der Therapiegärten, 1989 gegründet, bildet ein jährliches Forum, in dem Sozialarbeiter und Therapeuten mit Landschaftsarchitekten Erfahrungen austauschen können. Dabei werden weitestgehend alle Formen „therapeutischer" Gärten wie Gärten zu Rehabilitationszwecken, Gärten für Blinde, Gärten für Demente etc. vorgestellt. Die Bandbreite der Konzepte reicht von reinen kontemplativen Anlagen bis hin zu Gartenarbeit als Form sensomotorischer Therapie.

Die dritte Gruppe schließlich zielt auf die Wiederbelebung des öffentlichen Raumes für sinnliche Wahrnehmung. Der Verlust sinnlicher Reize führt zur Verarmung von Lebenswelten. Die Planung besetzt vornehmlich städtische Räume, um sinnliche Wahrnehmung als Qualität erlebbar zu machen.

Ein wichtiger Ausgangspunkt dieser Entwicklung war die Phänomena-Ausstellung 1984 in Zürich, die einen städtischen Raum am Zürichsee einen Sommer lang mit den unterschiedlichsten Installationen bespielte, die die Sinneswahrnehmung auf spielerische und bisweilen ironische Weise in Frage stellten. Weiteres Beispiel dieser Entwicklung ist das Projekt „Wasserspuren" in Hannoversch Münden im Jahr 2000, in dem drei Plätze dieser ursprünglich sehr stark vom Wasser geprägten Stadt mit Wasserinstallationen versehen wurden, die das Element Wasser in seiner Vielfältigkeit erlebbar machten. Zudem erweiterte eine Reihe von Installationen an den

„Wasserspuren" in Hann. Münden

Flüssen die Sinneseindrücke. Bei diesem Projekt arbeiteten Soziologen, Planer und Künstler zusammen. In diesen Zusammenhang fällt übrigens auch eine Diplomarbeit an der GhK (Autorin Saskia Fleischhauer), die im Jahr 2001 fertiggestellt wurde: Ein Wettererlebnispark im Agglomerationsraum Frankfurt auf dem Buchhügel in Offenbach.

Wie sich die Dinge in den nächsten Jahren weiterentwickeln werden, bleibt abzuwarten. Allein aus Imagegründen ist im sozialen Bereich meiner Meinung nach der größte Schub an „Sinnesplanungen" zu erwarten. Gleichwohl entstehen im künstlerischen Bereich, z.B. in Weimar und der Lausitz, Projekte mit einer sinnlichen Zielsetzung, die den Horizont klassischer Gartengestalter erweitern können, indem Sinneswahrnehmung hinterfragt und aus dem vielerorts apparativen Zusammenhang gelöst werden kann.

Im öffentlichen Raum ist aufgrund der Mittelknappheit eine positive Entwicklung meines Erachtens fraglich. Zwar entstehen auch hier Projekte wie der Sinnesgarten in Hannover-Laatzen und auf dem Landesgartenschaugelände in Bad Oeynhausen und Lünen. In der Regel sind diese Maßnahmen aber an große Veranstaltungen wie z.B. Gartenschauen gebunden, die die Mittel zur Verfügung stellen.

Die Qualität solcher Sinnesgärten wird z.B. aber gerade von Blinden und anderen benachteiligten Menschen in Frage gestellt, die Planungen bleiben holzschnittartig und kostspielig, ohne dass eine sinnvolle Pflege und Nachnutzung gewährleistet werden kann.

Ein positives Beispiel zeigt einen anderen Weg: Der Südteil der Landesgartenschau Oberhausen zeigt, ohne für sich den Anspruch Sinnesgarten zu postulieren, eine Fülle von Sinneswahrnehmungen auf, die sich mit dem Ort auseinandersetzen: Die Überquerung der Verkehrstrassen Autobahn/Emscher/Rhein-Herne-Kanal zeigt die ortstypische Bandbreite an (nicht nur positiven) Geräuschen und Gerüchen auf. Ruheboxen, quadratische Betonkuben, in denen in dem Chaos an Gerüchen und Geräuschen (fast) Stille herrscht, zeigen die Gegensätzlichkeit verblüffend deutlich und überraschen mich ein ums andere Mal.

Dieses Beispiel zeigt, dass sinnliche Planung erfolgreich sein kann, wenn der Ort ernst genommen und in seiner Atmosphäre deutlich wird. Dasselbe gilt für die Bandbreite an menschlichen Bedürfnissen, die immer eines Interpretationsspielraumes bedürfen, um sich entfalten zu können.

Hier liegen meines Erachtens erheblich höhere Potentiale - auch was eine planerische Diskussion um sinnliche Qualitäten angeht - als in einem (überholten) didaktisch-apparativen Ansatz.

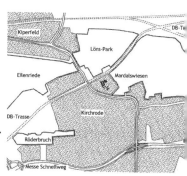

4.4 Vor Ort: Das Blindenzentrum in Hannover-Kirchrode

Stadträumliche Einbindung

Das Areal befindet sich im Hannoveraner Stadtteil Kirchrode, ca. vier Kilometer südöstlich des Stadtzentrums gelegen. Im Nordwesten grenzt Kirchrode an den in Ost-West-Richtung gelegenen Grünzug Eilenriede an, der in Hannovers Süden und Osten wichtige Naherholungsfunktionen innehat. Im Norden schließt sich der Lönspark an, ein in den 50er Jahren entstandener, ca. fünf Hektar großer Stadtteilpark mit Ausflugslokalen und Freizeitangeboten wie Minigolf und einem privat betriebenen Freibad. Im Osten schließt an den Stadtteil das Landschaftsschutzgebiet der Mardalswiesen, eine Feuchtwiesenzone, an. Im Nordosten beginnt das Wildfreigehege des Tiergartens, das neben dem Hannoveraner Zoo über die Stadtgrenzen hinweg eine Attraktion darstellt und in den Sommermonaten stark frequentiert ist.
Kirchrode wächst im Osten mit dem Stadtteil Anderten zusammen, im Süden liegt der Stadtteil Bemerode mit der zur Expo entstandenen Siedlung am Kronsberg. Im Westen schließlich trennen Kleingartensiedlungen Kirchrode von den Stadtteilen Seelhorst und Waldheim.

Zäsuren

Kirchrode wird im Norden und Süden durch zwei Verkehrstrassen durchschnitten. Im Norden befindet sich eine Güterverkehrstrasse der Bahn, die auf einem Damm geführt wird und mithilfe von Tunneln unterquert werden kann.
Nördlich dieser Trasse befindet sich ein kleiner Teil Kirchrodes um das Baugebiet der Bleekwiesen mit der Landesblindenschule.
Auch in den Lönspark kann man Mithilfe der Unterquerungen gelangen. Im Süden trennt die B65 (Südschnellweg) den Abschnitt um den Kirchdörfer Stadtfriedhof und das Wohngebiet Döhrbruch/Bemerkter Anger. Der größte Teil Kirchdorfes liegt zwischen den beiden Verkehrstrassen.

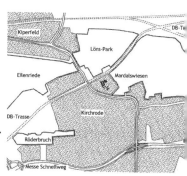

Freiraum und Siedlungsstruktur Hannover-Kirchrode

Stadtteilstruktur

Kirchrode wird in erster Linie durch gehobene Wohnnutzung geprägt. Der Großteil der Gebäudestruktur besteht aus Einfamilien-, Doppel- und Reihenhäusern.
Lediglich südlich der B65 findet sich eine größere Anzahl mehrgeschossiger Zeilenbauten. Neben der Wohnnutzung weist der Stadtteil eine außergewöhnlich hohe Anzahl sozialer Einrichtungen auf. Neben der Landesblindenschule in der Bleekstrasse und den Blinden- und Taubblindeneinrichtungen in der Kühnsstraße befinden sich Senioreneinrichtungen im Bereich der Tiergartenstraße (Henriettenstift) und am Tiergarten (Altenpflegeheim), Krankenhäuser in der Tiergartenstrasse und Lange-Feld-Straße.

Soziale Einrichtungen im Umfeld des Blindenzentrum

Im Bereich Bunteweg ist ein Teil der Tierärztlichen Hochschule von Hannover angesiedelt. Es ist geplant, den Standort komplett an den Bunteweg zu verlagern.

Das Stadtteilzentrum Kirchrodes befindet sich im Kreuzungsbereich Tiergartenstraße und Brabeckstraße, also in der ungefähren Mitte des Stadtteils. Hier befindet sich die einzige nennenswerte Konzentration an Supermärkten, Dienstleistungs- und Gastronomieangeboten. Das Blindenheim liegt in Luftlinie ca. 500 m vom Zentrum entfernt.

Bauliche Entwicklung des Stadtteils

Größere bauliche Maßnahmen sind in den nächsten Jahren nicht geplant. Mittelfristig wird das Areal der z.T. schon überbauten Kleingärten im östlichen Teil der Lange-Feld-Straße in ein Baugebiet umgewandelt, so dass hier ein größeres Areal bis zur Eisenbahntrasse bebaut werden wird.
Gleichzeitig plant die Tierärztliche Hochschule eine Erweiterung ihres Areals über den Bünteweg bis hin zum Büntegraben. Der verbleibende Landschaftsraum um den Büntebach wird in seiner Naherholungsfunktion stark eingeschränkt.
Dem Bereich der Mardalswiesen mit ihrer Verbindung zum Lönspark kommt deshalb in seiner Naherholungsfunktion zentrale Bedeutung zu.

Anbindung

Kirchrode wird mit der Innenstadt von Hannover über die Strassenbahnlinie 5 angebunden, die wochentags im Zehnminutentakt und an den Wochenenden viertelstündlich verkehrt.
Im direkten Einzugsbereich des Blindenzentrum befinden sich zwei Haltestellen:

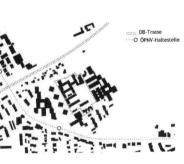

Die blindengerecht ausgebaute Haltestelle Bleekstraße, die sowohl das Blindenzentrum als auch die Landesblindenschule andient, und die Haltestelle Mettlacher Straße, über die das Blindenzentrum auf kürzerem Weg zu erreichen ist, die aber keine blindengerechte Gestaltung aufweist. Weiterhin verkehrt die Buslinie 35 (östlicher und südöstlicher Stadtrand) in Kirchrode mit der nächstgelegenen Haltestelle an der Bleekstrasse. An der Endhaltestelle der Linie 5 (Tiergarten) bestehen Anschlüsse an die Buslinien 32, 37 und 38 mit Anbindung an die südöstliche Stadtgrenze und Umland.
Mit dem PKW ist das Areal über den Südschnellweg, Ausfahrt Kirchrode, ebenfalls auf einfachem Weg zu erreichen.

ÖPNV-Anbindung

Umgebung des Blindenheims

Zwischen Tiergartenstraße im Westen und Süden und der Bahnstrecke im Norden spannt sich ein städtebauliches Dreieck von ca. 300 m im Quadrat auf. Das Dreieck ist durch seine Randlage gekennzeichnet. Drei Straßen erschliessen das Gebiet, die aber alle als Sackgassen enden - im Norden die Kühnsstraße mit einer Wohnbebauung und dem Seniorenwohnheimkomplex im vorderen und dem Blinden- und Taubblindenzentrum im hinteren Teil, der Gandhistrasse mit einer punktförmigen dreigeschossigen Wohnbebauung und dem Blindenheim im Osten und dem Albert-Schweitzer-Hof mit Reihenhäusern im vorderen und dem Taubblindenzentrum im hinteren Teil.
Im Osten grenzen die Mardalswiesen an das Areal des Taubblindenzentrums an und sind von diesem durch einen Fußweg getrennt.

Das Blindenzentrum

Struktur

Das Blindenzentrum in der Kühnsstraße umfasst unterschiedliche Funktionsbereiche: Wohnen, Arbeiten und den Verwaltungssitz unterschiedlicher Träger. Es ist im wesentlichen Teil Ende der 60er Jahre erbaut worden. Anbauten erfolgten beim Trägerverband, Pro SENIS e.V. Niedersachsen, in zwei Schritten bis in die neunziger Jahre des letzten Jahrhunderts. Im Jahr 2001 sollte im nordöstlichen Teil des Planungsgebietes ein weiterer Anbau für den Trägerverband erfolgen.

Städtebauliche Ausgangssituation

Das Areal des Blindenzentrums ist in seiner baulichen Struktur introvertiert.
Neben einem achtgeschossigen Gebäuderiegel, der den Garten von der Kühnsstraße trennt, schirmen Kopfzeilen mit schmalen Durchgängen Wohn- und Versorgungsgebäude im Inneren ab. Der einzige breitere Durchgang ist eine Feuerwehrzufahrt, die mit einem Zaun und Tor gesichert wird.
Im Süden grenzen Reihenhausbauten das Areal vom Albert-Schweitzer-Hof ab. Der östliche Teil des Planungsgebietes grenzt an das Taubblindenzentrum. Im südöstlichen Rand des Areals befindet sich ein Durchgang zu dem Gelände.

Nutzungen auf dem Gelände

Das markanteste Gebäude auf dem Gelände stellt der achtgeschossige Bau des Wilhelm-Marhauer-Hauses dar. Hier wohnt ein Großteil der Bewohner, insgesamt ca. 80 Menschen, in Einzelzimmern. Bäder und WC´s sind etagenweise vorhanden. Im Erdgeschoss befindet sich die Pförtnerloge und das Foyer, daneben das Büro der Pflegedienstleitung und in einem Anbau ein Aufenthaltsraum mit Ausgang zum Hof. Der Hauptausgang zum Hof ist über einen weiteren Anbau für den Trägerverband geplant.

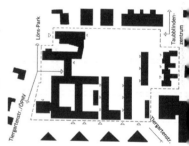

Anbindung und Eingangssituation

Östlich des Gebäudes gruppieren sich eingeschossige Bürobauten um einen Innenhof. Haupt- und Verwaltungsgebäude sind miteinander verbunden. Die Bürobauten ergeben unregelmäßige U-Formen, wobei der angrenzende Riegel hauptsächlich der Heimleitung und dem Pflegepersonal des Wilhelm-Marhauer-Hauses vorbehalten ist, der dahinter liegende Teil vom Blindenverband Pro SENIS e.V. belegt ist. Hier findet sich auch das Archiv des Vereins und ein Veranstaltungsraum, der auch von den Bewohnern genutzt wird.
Ein selten genutzter Ausgang zum Garten ist ebenfalls vorhanden.
Auf der anderen, westlichen Seite des Wilhelm-Marhauer-Hauses lagern sich der Speisesaalbereich im Süden und der Werkstattbereich im Norden an. Letzterer umschließt einen Wirtschaftshof und erstreckt sich bis zur Gandhistraße.

Nutzung der Freiräume

Der Speisesaal grenzt ebenfalls an einen Wirtschaftshof, der den Versorgungskomplex und die Verwaltungsstelle des Deutschen Paritätischen Wohlfahrtsverbandes umfasst. Im südlichen Bereich des Hofes beginnt die erste von zwei dreigeschossigen Zeilenbauten, die Wohnungen für Blinde enthalten.

Die eingeschossigen Reihenhäuser im Süden des Areals sind ebenfalls einer Wohnnutzung durch blinde Menschen vorbehalten.

Bewohnerstruktur

Im Wilhelm-Marhauer-Haus leben zur Zeit 76 Personen. Die Altersstruktur umfasst von der Volljährigkeit bis ins hohe Alter alle Altersklassen. Folgende Verteilung ist gegeben:

80-100jährige: 8 Personen

70-80jährige: 8 Personen

60-70jährige: 10 Personen

50-60jährige: 6 Personen

40-50jährige: 10 Personen

30-40jährige: 27 Personen

20-30jährige: 7 Personen

Der Anteil relativ junger Menschen bis zu 40 Jahren ist also mit ca. 44 % recht hoch, während ansonsten eher konstante Größen zwischen 6 und 10 Personen zu verzeichnen sind.

Der Grad der körperlichen Beeinträchtigung ist weit gefächert: Neben Einschränkungen des Sehvermögens reicht das Spektrum an Sehbehinderungen bis zur Blindheit. Daneben sind andere körperliche Beeinträchtigungen ebenfalls vertreten. Es gibt 4 Rollstuhlfahrer im Haus, sowie Personen mit motorischen und spastischen Behinderungen. Im Alter treten auch hier grobmotorische Veränderungen auf, eine Station mit intensiverer Betreuung versorgt Bewohner, die an der Parkinson'schen Krankheit oder Altersdemenz erkrankt sind.
Was den Zeitpunkt der Sehbeeinträchtigung angeht, liegen keine genaueren Zahlen vor. Man kann aber davon ausgehen, dass von Geburts- bis zu Alterserblindungen alle Sparten vertreten sind. Die Sozialstruktur des Hauses ist aufgrund der baulichen Situation sehr gemischt. Viele Bewohner aus benachteiligten sozialen Schichten wohnen hier. In den nächsten Jahren sollen umfangreiche Baumaßnahmen im Wilhelm-Marhauer-Haus den Wohnstandard erhöhen. Darüber hinaus wohnen ca. 40 Menschen in den Gebäudezeilen und Reihenhäusern auf dem Gelände. Sie haben keinen Bezug zum Wohnheim und nehmen nur vereinzelt an Veranstaltungen teil. Gleichwohl können auch sie den Garten benutzen.

Mitarbeiterstruktur

In der Pflege sind momentan 19 Menschen mit folgenden Qualifizierungen beschäftigt: Examinierte Altenpfleger, Pflegehelfer, Erzieher, Heilpädagogen und Sozialpädagogen.

Desweiteren sind Küchenkräfte, Hausmeister und Zivildienstleistende im Einsatz. Im Verwaltungstrakt arbeiten ungefähr 30 Menschen.

Die hauptamtlich Tätigen werden von einem kleinen Kreis ehrenamtlicher Helfer unterstützt. Unterstützung von Verwandten der Bewohner findet kaum statt.

Werkstättenstruktur

Die angegliederten Werkstätten im nordwestlichen Teil des Areals bieten zur Zeit ca. 50 Arbeitsplätze. 30 Heimbewohner arbeiten dort; 8 Bewohner des benachbarten Taubblindenzentrums kommen täglich durch den Garten zur Arbeit. Außerdem arbeiten 10 Auswärtige in den Werkstätten.
In den Werkstätten finden in erster Linie „klassische" Blinden-Arbeiten wie z.B. Korbflechten statt.

Freiraumstruktur

Das Rückgrat der Freiflächen stellt die zentrale Rasenfläche dar, die eine Ausdehnung von ca. 50 x 90 Metern hat. Einzelne Bäume, meist Kastanien oder Ahorn, stehen unweit der Fußwege. Neben der Rasenfläche existiert ein Hof, der zu drei Seiten von Gebäuden umschlossen ist: Speisesaal im Westen, Wilhelm-Marhauer-Haus im Norden und Verwaltungsbau im Osten.
Der Hof umfasst eine Fläche von 25 x 20 Metern. Zwischen den Zeilenbauten findet sich eine Rasenfläche, die sich zwischen den südwärts exponierten Terrassenbereichen und dem Erschließungsweg erstreckt.

Die beiden Wirtschaftshöfe im Nordwesten des Areals dienen der Andienung der Speise-, Hauswirtschafts- und Werkstättenbereiche und sind nur schwer zugänglich.

Im südlichen Bereich des Geländes befindet sich

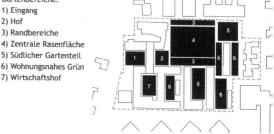

Gartenbereiche:
1) Eingang
2) Hof
3) Randbereiche
4) Zentrale Rasenfläche
5) Südlicher Gartenteil
6) Wohnungsnahes Grün
7) Wirtschaftshof

ein 30 x 30 Meter großes, in Teilen baumüberstandenes Gartenstück mit Rasen, das abgesehen von einem einmal im Jahr stattfindenden Zelten nicht genutzt wird. Die Randbereiche des Geländes sind mit Sträuchern und Bodendeckern abgepflanzt. Diese Bereiche befinden sich hauptsächlich an der Grenze zum Taubblindenzentrum im Osten, zwischen Rasenfläche und Zeilenbauten/Speisesaal und als „Abstandhalter" vor den Verwaltungsgebäuden.

Erschließung

Die Haupterschließung des Gartens findet über das Wilhelm-Marhauer-Haus statt, in dem der Hof auf seiner Ostseite durchquert wird.
Der Haupterschliessungsweg umrundet die zentral gelegene Rasenfläche. Auf der Innenseite sind sowohl ein Stahlhandlauf mit Kunststoffbeschichtung als auch eine Tastkante (Bordsteinkante, ca. 3 cm über Bodenschluss) als Orientierungshilfe vorhanden. Da der Handlauf die innenliegende Rasenfläche vollständig umrundet, kann diese von den Bewohnern nicht betreten werden.

Ein weiterer, wenig benutzter Ausgang befindet sich am Verwaltungstrakt.

Dort existiert momentan auch noch ein ca. 10 x 10 Meter großer Platz, der zu Veranstaltungszwecken genutzt werden kann, aber keine Nutzungsspuren aufweist.

In diesem Bereich wird der Verwaltungstrakt erweitert, so dass Zugang, Platz und ein Teil des Haupterschließungsweges verschwinden werden und sich der Ausgang des neuen Verwaltungsgebäudes in der jetzigen Rasenfläche befinden wird.

Die Wohnzeilen an der Gandhistraße sind ebenfalls durch Stichwege im südlichen Teil an den Garten angeschlossen. Zwischen der südlichen Wohnzeile und dem ersten Reihenhaus im Süden verläuft die Feuerwehrzufahrt zur Gandhistraße, die mit Rasengittersteinen ausgeführt ist und von den Bewohnern nicht benutzt wird.

Der westliche Teil des Haupterschließungswegs ist im Verhältnis zur sonstigen Breite der Wege mit vier Metern für Fussgänger sehr breit dimensioniert.

Auf diesem Weg gelangt die Feuerwehr bis an die rückwärtige Seite des Wilhelm-Marhauer-Hauses.

Die einzelnen Gartenteile

In der folgenden kurzen Analyse beziehe ich mich auf die Gartenbereiche, die für die Gartenplanung relevant sind: Eingang, Hof, zentrale Rasenfläche, Randbereiche und südlicher Gartenteil. Der Eingangsbereich ist im wesentlichen durch die Haupterschliessung des Wilhelm-Marhauer-Hauses gekennzeichnet.

Dabei werden das Haupthaus und der Werkstattteil mittels eines Nebeneingangs erschlossen.

Östlich des mit einem Handlauf versehenen Weges schließt, durch einen schmalen Pflanzenstreifen getrennt, ein Parkplatz an, der bis an den Verwaltungstrakt heranreicht.

Westlich des Weges beginnt eine locker mit Bäumen bestandene Rasenfläche.

Der Eingangsbereich erfüllt momentan ausschließlich funktionelle Gesichtspunkte.

Repräsentative Funktionen werden nur bedingt, Aufenthalts- oder Sinnesqualitäten nicht erfüllt.

Eingangsbereich an der Kühnstraße

Hof

Durch seine exponierte Lage zum Wilhelm-Marhauer-Haus, Speisesaal und Verwaltungstrakt kommt dem Hof einerseits als Entree zum Garten und andererseits als Treffpunkt der Bewohner und Gartenbenutzer eine zentrale Rolle zu.

Hofansicht

116

Die Vorgabe, Aufstellfläche der Feuerwehr zu bieten, verhindert größere Einbauten wie Pergolen oder feststehende Bänke, Sitzmauern etc.

Der Hof ist über die Eingänge Foyer und Aufenthaltsraum zu betreten. Zugänge zum Verwaltungstrakt und dem Speisesaal bestehen nicht.

Momentan ist die Fläche uneinheitlich gegliedert und bietet wenig Nutzungsmöglichkeiten. Unterschiedliche Beläge zerstückeln die Großzügigkeit des Hofes und machen Teile für die Bewohner schwer zugänglich.

Das mittlere Teilstück ist mit einem Betonpflaster versehen und führt zu einem Brunnen im hinteren Hofteil, der mit Granitkleinpflaster gepflastert und mit Sitzbänken ausgestattet ist. Im Sommer stehen Tische und Stühle auf der Pflasterfläche.

Den Beobachtungen nach werden diese Angebote auch angenommen.

Verschattung 21.06.01, 12 Uhr   21.06.01, 18 Uhr   21.09.01, 10 Uhr   21.12.01, 12 Uhr

 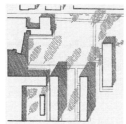 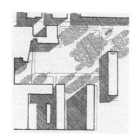 

Die anderen Teilstücke sind mit Rasen bzw. Rasengittersteinen ausgestattet und bieten keine Aufenthaltsqualitäten.

Östlich des Weges zum Verwaltungsgebäude hin ist ein Pflanzenstreifen mit Rhododendren und Koniferen bestückt.

Zentrale Rasenfläche

Der parkähnliche Charakter der Rasenfläche entsteht in erster Linie durch ihre Ausdehnung, ihre Offenheit und Wetterexposition und durch den lockeren Baumbestand.

Aufenthaltsqualitäten bestehen kaum, da die Fläche ja nicht betreten werden kann, wohl aber sind z.B. Wind, Wärme und Geräusche wahrnehmbar (und die Fläche könnte bei einer größeren Vielfalt sinnlicher Qualitäten als Projektionsfläche dienen).

Durch den umlaufenden Haupterschliessungsweg mit Handlauf liefen meine Assoziationen eher in die Richtung „Trabrennbahn" als in die Richtung „Garten".

Zentrale Rasenfläche vom Hof aus gesehen

Blatt 1

Stadträumliche Einbindung

Situation

Das Blindenzentrum in Hannover liegt am Rand des Stadtteils Kirchrode. In den 60er Jahren errichtet, weist das Areal eine städtebaulich introvertierte Struktur auf.

Das Gelände umfaßt die Funktionsbereiche Wohnen (80 Heimplätze, ca. 30 Appartementwohnungen), angegliederte Blindenwerkstätten (50 Arbeitsplätze) und die Verwaltung des Trägers und des Blindenverbandes Niedersachsen. Im Osten grenzt das Taubblindenzentrum an, daß durch eine fußläufige Verbindung im Garten erreicht werden kann. Das Rückgrat der Freiflächen stellt eine Rasenfläche dar, die von einem Fußweg mit Handlauf begrenzt ist. Zum Wohnheim hin erstreckt sich ein Hof mit Springbrunnen und Sitzgelegenheiten. Die angrenzenden Freiflächen sind mit Bäumen und Sträuchern abgepflanzt. Das Problem stellt die eintönige Gartengestaltung dar, die weder qualitativ hochwertige Aufenthaltsbereiche noch Kommunikations- und Erlebnisräume bereithält. Der Pflanzenbestand weist weder olfaktorische noch taktile Qualitäten auf. Dementsprechend ist der Garten kaum besucht und wird in der Regel entlang der Handläufe für kurze Spaziergänge genutzt- eine "Trabrennbahn".

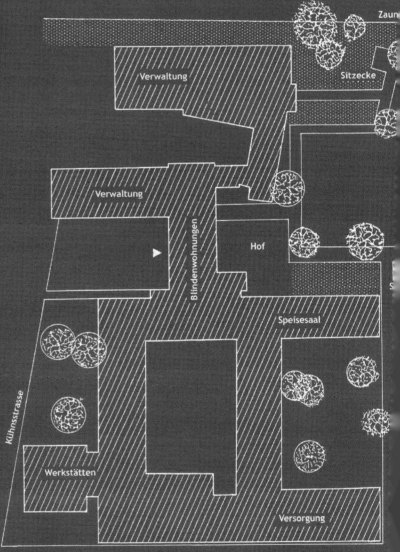

Hof vom Eingangsbereich

Eingangssituationen

Städtebaulicher Rahmen

DB-Trasse
ÖPNV-Haltestelle

Konzentration sozialer Einrichtungen

DB- Trasse

Tramlinie 5

Senioreneinrichtung

Senioreneinrichtung

Blindenzentrum

Taubblindenzentrum

Landesblindenschule

Senioreneinrichtung

Seniorenstift

DB- Trasse

Krankenhaus

B55

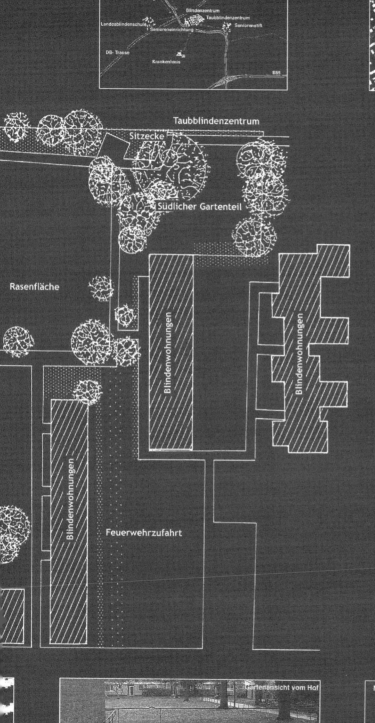

Taubblindenzentrum

Sitzecke

Südlicher Gartenteil

Rasenfläche

Blindenwohnungen

Blindenwohnungen

Blindenwohnungen

Feuerwehrzufahrt

Bestandsplan M 1:500

Gartenansicht vom Hof

Nutzungsaktivitäten im Freiraum

?

Randbereiche

Hier finden sich neben flächigen Anpflanzungen mit Sträuchern und Bodendeckern Sitzbereiche in Form von eingefaßten Nischen mit Sitzbänken. Drei dieser Sitzgruppen bestehen momentan. Die Randbereiche erfüllen in erster Linie die Funktion des Abstandhalters, sei es zum Verwaltungs- oder dem Speisetrakt, zu den Wohnzeilen oder zum Taubblindenzentrum. Besondere oder differenzierte Qualitäten sind nicht feststellbar.

Südlicher Gartenteil

Die Fläche wird begrenzt vom Erschließungsweg zum Taubblindenzentrum, einem Zaun im Süden und den Gärten der Reihenhäuser mit einer freiwachsenden Hecke im Westen. Im Norden grenzt der Haupterschliessungsweg an die Fläche.

Angelegte Wege existieren in diesem Bereich nicht. Die Rasenflächen und der Baumbestand an Pappeln, Eschen, Eiben und Ahorn werden als Gartenfläche nur einmal im Jahr als Zeltplatz genutzt.
Der relativ dichte Baumbestand schafft aber im Sommer im Vergleich zur zentralen Rasenfläche ein angenehmeres, kühles Mikroklima.

Südlicher Gartenteil

Orientierung

Handlauf und Tastkante ermöglichen eine schnelle Orientierung für Nutzer mit oder ohne Taststock. Laut Auskunft des Pflegedienstleiters, Herrn Hahn, benutzen viele im Blinden- zentrum wohnende Menschen keinen Taststock, die Nutzer des Gartens aus dem Taubblindenzentrum nutzen den Taststock jedoch durchgängig.
Die Kreuzungspunkte der Wege sind durch einen Belagswechsel (vom Betonpflaster zum Granitkleinpflaster) gekennzeichnet. Die Sitzgruppen an den Rändern weisen Betonplatten als Belag auf. Andere taktile oder olfaktorische Orientierungsmöglichkeiten bestehen nicht.
Durch den Brunnen im Hof ist im Sommer eine Orientierung im Hofbereich und eine Grob- orientierung im zentralen Gartenbereich möglich.
Weitere akustische Orientierungsmöglichkeiten bestehen nur eingeschränkt: Das Verkehrs- geräusch der Tiergartenstrasse oder vorbeifahrende Güterzüge auf der nördlich gelegenen Bahntrasse sind sporadische Geräuschquellen.

Aufenthaltsqualitäten

Die Gartenbereiche sind im Anschluss an das Bauvorhaben Ende der 60er Jahre realisiert worden. Der Zustand des Gartens lässt zwei unterschiedliche Schlüsse zu: Entweder war man der Meinung, das Sehbehinderte nicht in der Lage sind, gestalterische Qualitäten im Freiraum wahrzunehmen und somit keinen Anspruch darauf haben. Folglich ist man in der Planung nicht auf die besonderen Bedürfnisse eingegangen.
Als zweite Möglichkeit kommt in Betracht, dass die Sinnesqualitäten durch mangelnde Pflege verloren gegangen sind.

Die Gesamtkonzeption macht den Eindruck einer Planung, die Sicherheitsstandards berücksichtigt, ansonsten aber ideenlos fungiert. Das betrifft nicht nur die in Planerkreisen gern zitierten Sinnesqualitäten, sondern auch und gerade eine Gesamtkonzeption und Gartenidee im Ganzen. Auch das Herausarbeiten eines Profils und einer Markanz der einzelnen Gartenteile fand nicht statt.

Was die Sinnesqualitäten betrifft, weisen die Baum- und Strauchpflanzungen in sehr geringem Ausmaß olfaktorische Qualitäten auf - lediglich die Kastanien, eine Fliedergruppe und einzelne Philadelphus besitzen Duftqualitäten. Taktile Qualitäten sind noch rarer - Baumaterialien sind wenig abwechslungsreich und nach haptischen Eigenschaften ausgestattet. Der einzige wirkliche Anreiz geht vom Brunnen im Hof aus - der sowohl haptische und akustische Qualitäten aufweist.

Nutzungen

Im Zuge dieser Tatsachen wird die These, dass die Bewohner eher weniger Lust an der Gartenbenutzung haben (auch aufgrund ihres sozialen Backgrounds) nicht zu halten sein. Deutliche Nutzungsspuren im Bereich des Brunnens und der Sitzgruppe am Flieder belegen dieses Interesse. Auch wird deutlich, dass die Bewohner Aufenthaltsqualitäten wahrnehmen und durchaus zu schätzen wissen.

Das eigentliche Problem ist die eintönige Gartengestaltung, die insgesamt wenig Anreiz zu einer Benutzung des Gartens bietet. Es bestehen zu wenige, qualitativ hochwertige Aufenthaltsbereiche, die Kommunikationsmöglichkeiten anbieten. Die wenigen, die bestehen, sind stark genutzt. Damit verlieren die Bereiche aber ihren Optionscharakter, allein, zu zweit, in kleinen oder größeren Gruppen - je nach Neigung - den Garten zu nutzen. Die wenigen Qualitäten fesseln die Nutzer eher, anstatt sie anzuregen, das zu tun, worauf sie Lust haben.

Ähnliches gilt für den Garten als Erlebnisraum. Gartenerfahrung ist in großen Teilen individuelle Erfahrung (weil wir, wie gezeigt, das Wahrgenommene durch einen auto-biographischen Filter laufen lassen) und damit wird die Notwendigkeit eines Interpretationsspielraumes nötig. Der in vielen Teilen funktionalisierte Freiraum lässt für diesen Spielraum keinen Platz.

Abschließend kann aber gesagt werden, dass aufgrund der vorhandenen Potentiale wie Weitläufigkeit, Unterteilung in unterschiedliche Bereiche und bereits vorhandene Infrastruktur eine Weiterentwicklung des Gartens zu einem nutzbaren und lebendigen Freiraum möglich ist.

4.5 Grundsätzliche Gedanken zum Entwurf

Zum Begriff Blindengarten

Blindengarten ist ein irreführender Begriff, weil es ihn ebensowenig geben kann wie einen Garten für Rothaarige. In diesem Begriff finden sich viele Vorurteile wieder, die an vorangegangener Stelle angesprochen worden sind, da davon ausgegangen wird, dass Blinde anders wahrnehmen (müssen) und dementsprechend eine besondere Gartenplanung benötigen. Welcher Begriff verlässt also die Ebene der hilflosen Helfer? Sinnesgarten scheint zunächst der passendere Begriff, auch wenn er absurder Weise die Planung in sinn-voll und sinn-frei teilt. Sinneseindrücke begegnen uns immer und überall. Der Begriff versucht jedoch, die Qualität umfassender Sinneseindrücke zu vermitteln. Sie sind Mittel zum Zweck, um über das Medium Garten einen Dialog mit der Natur - oder besser - einen Diskurs über den eigenen Naturbegriff zu führen.

Die stärkere Gewichtung von akustischen, olfaktorischen und haptischen Qualitäten kann also für Sehende ebenso interessant sein wie für Sehgeschädigte.

Öffnung des Geländes

In diesem Fall heißt das, dass der Garten für blinde wie sehende Besucher interessant sein muss. Denn wenn die städtebauliche und gesellschaftliche Isolation des Blindenzentrums über wunden werden soll, müssen Anreize einer Begegnung geschaffen werden.

Ich habe drei Modelle entwickelt, die Szenarien in Bezug auf Öffentlichkeit und deren Folgen für die bauliche Struktur und die Bewohner beinhalten.

Szenario 1: Keine Öffnung

Szenario 2: Vorsichtige Öffnung

Szenario 3: Vollständige Öffnung

Das erste Szenario ist die Erhaltung des Status quo. Das Gelände ist abgeschirmt, Besuche sind äusserst selten. Die Bewohner werden nicht durch neue Situationen verunsichert, sind aber auch unter sich und auf dem Gelände weitgehend isoliert. Bauliche Veränderungen sind nicht nötig, ein Mehraufwand des Personals in Form von Führungen, Beaufsichtigung usw. ist nicht zu erwarten.

Szenario 2 geht von einer dosierten Öffnung des Areals in Form von Besuchstagen, Veranstaltungen und Führungen aus. Aus baulicher Sicht bedeutet diese Maßnahme in mittelfristiger Perspektive eine Öffnung des momentan unübersichtlichen Eingangsbereiches, der als Gestaltungsziel Besucher - spontane wie angekündigte - auf das Gelände einladen und den Garten im Eingangsbereich ankündigen muss.

Die Öffnung hat zur Folge, dass unterschiedliche Besuchergruppen - Schulklassen, Bewohner anderer Einrichtungen (Landesblindenschule, Seniorenheime etc.), Fachpublikum und Interessierte - den Garten besichtigen.

An z.B. zwei Tagen in der Woche, in denen das Gelände frei zugänglich ist, sind auch Einzelpersonen als Besucher denkbar.

Kontakt mit den Bewohnern ist möglich, verliert aber aufgrund der besonderen Öffnungszeiten etwas Alltägliches. Viele Besucher werden nur einmal oder selten kommen. Für das Personal ergibt sich ein höherer Aufwand durch Organisationstätigkeiten.
Die Bewohner müssen damit rechnen, unvorbereiteten Situationen gegenüberzustehen, die aber gering dosiert sind und denen man sich durch das Fernbleiben zu bestimmten Zeiten entziehen kann. Für den Träger kann ein Imagegewinn durch eine repräsentative Gestaltung erwartet werden.

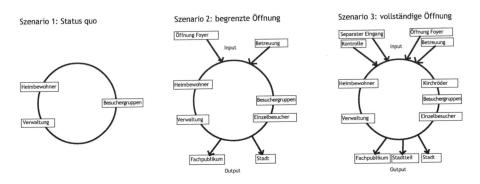

Variante 3 geht von einer kompletten Öffnung des Geländes, z.B. in Form einer Durchwegung und der Öffnung des Geländes an mehreren Stellen, aus. Die Besucher müssen durch keine „Schleuse", sondern gelangen direkt in den Garten, was aus baulicher Sicht eine Öffnung des Eingangsbereichs und der Eingangssituationen in der Gandhistraße nach sich zieht.
Eine öffentliche Durchwegung öffnet den Garten auch für Menschen, die den Garten nur durchqueren wollen, weil sie z.B. von Kirchrode in die Mardalswiesen und den Lönspark gelangen wollen.
Die Bewohner müssen jederzeit mit „auswärtigen" Nutzern rechnen. Dafür sind vielfältige Kontaktaufnahmen durch die selbverständliche und alltägliche Nutzung möglich. Das Personal hat einen höheren Organisations- und Überwachungsaufwand. Ein Imagegewinn ist wahrscheinlich, durch die alltägliche Nutzung erhöht sich aber gleichzeitig das Konfliktpotential.

Aus versicherungsrechtlichen Gründen ist eine Durchwegung des Geländes schwierig. Hauptargument ist in diesem Fall, dass im Schadensfall die Haftungsfrage ungeklärt ist. Außerdem ist eine sinnvolle Durchwegung aufgrund der Randlage zu Kirchrode und der baulichen Struktur - unrealistisch. Ein weiterer Grund, der vom Träger angeführt wird, ist die Unsicherheit der Bewohner rund um die Uhr.
Gerade bei ängstlicheren Bewohnern muss damit gerechnet werden, dass Gartenbesuche nur spärlich stattfinden oder gänzlich vermieden werden.

Andererseits ist durch die geplante Installation des Expo-Glockenspiels der Wille sichtbar geworden, Besucher anzulocken und die Isolation des Areals zu durchbrechen.

Dies soll dosiert geschehen, da sich der Träger mit der Öffnung und Neuorganisation des Eingangsbereiches als meiner Ansicht nach unabdingbare Voraussetzung für das Gelingen der Öffnung nur zögerlich anfreundet.

Nutzungsoffenheit

Die vorangegangenen Kapitel verändern die Planungsphilosophie auf verschiedene Weise: Zunächst differenziert sich der Begriff der behinderten - in unserem Fall blindengerechten - Planung. Ein Garten, der für eine Zielgruppe interessant, für die meisten anderen aber uninteressant ist, wird ein Ghetto bleiben, an dem auch die Zielgruppe irgendwann das Interesse verliert. Ein Garten muss immer vielschichtig sein, und das schließt Brüche, Unannehmlichkeiten und Missverständnisse (zufällige und beabsichtigte) mit ein. Auf eine Gartenplanung bezogen heißt das, dass der Garten als Plattform sich sehr unterschiedlich artikulierender Interessen dienen muss.

Das bedeutet, einen Interpretationsspielraum für die Benutzer zu ermöglichen, statt eindimensionale Vorgaben zu liefern, so spannend sie auf den ersten Blick auch sein mögen.

Wenn man davon ausgeht, dass Wahrnehmung aber an Tagesform und Lebenssituation gebunden ist und demzufolge Interessen und Aufnahmevermögen sich ändern (können und dürfen), dann muss der Garten interpretationsfähig und nutzungsoffen gestaltet sein.

Das gilt im übrigen nicht nur für die Kükelhaus´sche Planungsphilosophie (die z.B. ,in Maßen dosiert, einen Kinderspielplatz durchaus bereichern kann), sondern auch für jene, die Blinden-

Notwendige Öffnung des Geländes

gärten auf Hochbeete reduzieren und den Garten zu einem botanischen Garten machen.

Was ist blindengerecht?

Hier ist es angebracht, auf die Diskussion zurückzukommen, die im ersten Kapitel geführt worden ist: Auf welche Weise wird Behinderung in unserer Gesellschaft wahrgenommen? Inwieweit wirken Vorurteile in die eigene Planungsphilosophie hinein?

Planung in diesem Sektor beschreibt in der Regel eine Gratwanderung zwischen zwei Polen: Einerseits besteht das Vorurteil, Menschen mit Behinderungen seien Menschen zweiter Klasse, denen man in der Regel Eigenständigkeit und volle Urteilsfähigkeit absprechen kann.
Deshalb wird auch die Planung auf wenige Aspekte reduziert, weil ein Mehr nicht nötig, ja Verschwendung wäre. Dies ist die aggressive und inzwischen selten in der Öffentlichkeit bekundete Variante.
Andererseits besteht die ängstliche Bemühtheit der „blindengerechten" Planung, keine Fehler zu machen und möglichst alle Bedürfnisse in eine planerische Form zu gießen.
Dabei nimmt, was die Bedürfnisse der „Zielgruppe" angeht, die Diskussion bisweilen gespenstisch analoge Züge zu den Irrtümern der Moderne an - Behindertenbedürfnisse sind ebensowenig zu katalogisieren wie der Mensch 1,83 m groß ist.

Diese Verallgemeinerung trägt im Keim ja ebenfalls eine überhebliche Geisteshaltung in sich, die den Menschen auf seine Behinderung reduziert.

Natürlich darf man nicht vergessen, dass die Forderung nach behindertengerechter Planung Interessen einer benachteiligten Gruppe artikuliert und somit durchaus den Anspruch vertreten darf, vom Denkansatz fortschrittlich zu agieren. Denn die Forderung hat zu einem Mobilitätsschub der Betroffenen geführt und die Auseinandersetzung mit gesellschaftlicher Realität anstelle von „Wegschließen" zur Folge.

Nur: Die zunächst unbequeme Forderung nach blindengerechter Planung hat in vielen Fällen nicht zu einer Befreiung und zum Aufbrechen verkrusteter gesellschaftlicher Strukturen geführt, sondern zu deren Zementierung, weil sich innerhalb dieser Diskussion Richtlinien und Normen zu einem Fetisch verselbständigt haben, anstatt weiterhin als Mittel zum Zweck zu dienen: Der Frage nach gesellschaftlicher Realität.
Deshalb ist „blindengerecht" nicht unbedingt das, was Normen befolgt (und sich bisweilen eines Alibis versichern kann), sondern Normen auf ihr Gesellschaftsbild hinterfragt.
Und das heißt, bezogen auf den Blindengarten:

Handlungsspielräume erweitern
Der Garten soll Handlungsspielräume der Nutzer erweitern, deren Kompetenz und Selbstwertgefühl stärken. Dabei liegen die Handlungsoptionen bei den Nutzern und nicht bei den Planern - es muss jederzeit möglich sein, schwierige Situationen zu verlassen und sich in Sicherheit zu begeben. Denn negative Erfahrungen können kontraproduktiv sein, wenn sie nicht aufgefangen werden können: Ein gebranntes Kind scheut das Feuer. Konkret bedeutet das eine klares

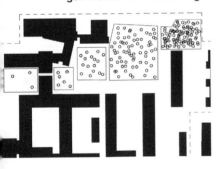

Konzept mit einer jederzeit wiederherstellbaren Orientierungsmöglichkeit. Es bedeutet aber auch einen Hinweis auf die zu erwartenden Schwierigkeiten. Da blinde, und, mehr noch taubblinde oder mehrfach behinderte Personen oft große Angst vor dem Ausfall weiterer Sinnesorgane haben, sollte diese Angst mit klaren Hinweisen minimiert werden. Der Garten weist verschiedene Schwierigkeitsstufen auf, die nach Anspruch und Tagesform der Benutzer genutzt werden können. Das bedeutet aber auch, im Zweifelsfall auf gängige Normen wie z.B. Handläufe oder Tastkanten zu verzichten. Das Ausprobieren schwieriger Situationen bedeutet ein Hineinwagen in eine Umwelt, in der nicht alles vorhersehbar ist und Situationen entstehen können, in denen eigene Ängste und Unsicherheiten überwunden werden müssen. Dieser Ansatz ist natürlich eine Gradtwanderung. Denn das Ausliefern in schwierige Situationen als Prinzip ist aus planerischer und pädagogischer Sicht genauso überheblich wie das Abnehmen jeglicher Problemsituationen. Die Gratwanderung verläuft also zwischen „Brechstange" und „goldenem Käfig".

Soziale Kompetenzen fördern
Die vorhandene Bau- und Freiraumstruktur weist deutliche Defizite bezüglich klar lesbarer Raumhierarchien auf: Im Wilhelm-Marhauer-Haus fehlen gemeinschaftlich nutzbare Bereiche, im Garten sowohl individuelle Rückzugsräume wie gemeinschaftlich nutzbare Bereiche. Die verschiedenen Lebenssituationen erfordern aber gerade die Bandbreite an Wahlmöglichkeiten.

Beispiel: Ein älterer, neu zugezogener Bewohner, der vor wenigen Wochen erblindet ist, befindet sich in einer schwierigen Situation: Er muss mit einer neuen, ungewohnten und belastenden Situation umgehen. Die Fortschritte sind nur langsam.

Einerseits sucht er Kontakt, andererseits kann er sich auf die Situation noch nicht einlassen und meidet dann wieder Kontakt. Der O/M-Trainer übt mit ihm auch im Garten; der neue Bewohner wird aber, wenn er sich beobachtet fühlt, noch unsicherer. Deshalb suchen die beiden Orte auf, die unbeobachtet sind. Er kann allein bleiben, wenn ihm danach zumute ist, und merken, dass der Garten Sinneseindrücke bereithält. Er kann seinem Ärger Luft machen, kann aber auch, wenn er sich einsam fühlt, den Kontakt an bestimmten Orten im Garten suchen, von denen er weiss, dass sich dort öfter andere Bewohner oder Besucher aufhalten.

Kinder lernen im Lauf der Kindheit soziale Kompetenz durch das Wechselspiel aus Nähe und Distanz. Für die Kinder des Taubblindenheimes als eine Zielgruppe kann der Besuch des Gartens dieses Verhalten fördern, indem Angebote ge-macht werden, die allein, und solche, die gemeinschaftlich nutzbar sind.

Wichtig ist, dass der Garten über diese Orte den Nutzern den Eindruck vermittelt, dass die jeweiligen Bedürfnisse akzeptiert sind und man sie nicht zu irgend etwas zwingen will.

Beiläufigkeit

Die Vielfältigkeit von Sinneseindrücken lässt sich mit „apparativen" Maßnahmen nicht planen. Dinge stehen in Beziehung zu anderen Dingen, und man wird in den seltensten Fällen Situationen mit gleicher Wahrnehmung planen können. Deshalb bedarf es zweier Kunstgriffe in der Planung: Der Verbindung von Funktionellem mit Sinnlichem und der Schaffung komplexer Situationen, die quasi Katalysatorfunktionen innehaben.

Zum ersten Punkt ist zu bemerken, dass die Materialwahl einer Mauer oder Bank, auf der man sitzt, eher wahrgenommen wird als ein Sammelsurium an verschiedenen Materialien, die zusammen aufgestellt sind. Beispiel: Im Blindengarten Bremen werden Teilstücke von Baumstämmen mit verschiedenen Rindenstrukturen zum Ertasten ausgestellt.
Dieser Tastkasten vermittelt zweifellos, wie unterschiedlich Rinde sein kann. Es bleibt aber immer nur Rinde. Ich habe versucht, die Qualitäten in eine Struktur einzubinden. Rinde gehört zu Bäumen und Sträuchern, und auch, wenn ich die Bandbreite an Rindenstrukturen nicht so darstellen kann, wenn sie 1:1 zu einem noch lebenden Baum gehört, so kann doch erfahren werden, wie der Regen auf den Blättern klingt, wie das reife Obst im Herbst riecht (vielleicht auch wie der Stachel einer Wespe sich beim Pflücken von Obst anfühlt) und vieles mehr, was am Schreibtisch nicht vorstellbar ist.
Dinge eröffnen ihre Vielschichtigkeit nicht im musealen Ausstellungsbetrieb, sondern im alltäglichen Gebrauch.

Zurück zum zweiten Punkt meiner Ausführungen: Ich kann im sinnlichen Garten Dinge ausstellen, die die (von mir ausgewählten) Qualitäten erfüllen. Ich kann vom Konzept aber auch so vorgehen, dass Dinge Kettenreaktionen auslösen (die allerdings in der Komplexität von mir nicht planbar sind). Beispiel: Bei der Umgestaltung der zentralen Rasenfläche schlage ich in einem Teil eine zweischürige Wiese vor, durch die Rasenwege gemäht werden. Unmittelbare

Blatt 2

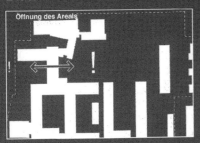

Öffnung des Areals

Zur sinnlich- räumlichen Wahrnehmung

"Alle Lebensbewegungen und Lebensvollzüge sind als räumliche Transformationen wirksam. Deshalb kann alles existieren, einschließlich den von der Psychologie ins Subjekt einge- schlossenen Empfindungen und Gefühlen, die in verschiedenen Räumen und auf verschiedenen Wirklichkeitsniveaus tätig erkannt werden. Das hat zur Konsequenz, daß Phänomene wie Angst, Freude, Hoffnung, Glück, Erinnern, Vorstellen, Zuneigen, Abneigen, Ausstehen, Aushalten usw. Bewegungen des ganzen Lebensraumes sind. Deshalb sind Angst und Freude nicht nur subjektive Gefühle, sondern wirkliches Enger- und Weiterwerden, Dunkler-, Schwerer-, Dichter-, Heller-, Leichter- und Klarerwerden unseres gesamten Lebensraumes." (Franz- Xaver Baier)

Über "Sinnesgärten"

Sinneswahrnehmung ist autobiografisch. Deshalb können gebaute Räume nur "Halbzeuge" sein, die individuell interpretierbar bleiben müssen. Auf die Aufstellung von Apparaten zur Sinneswahrnehmung wird verzichtet, sondern stattdessen sinnliche Qualitäten mit Funktionen wie Sitzplatz, Gehwegbelag, Pflanzem am Weg verknüpft.

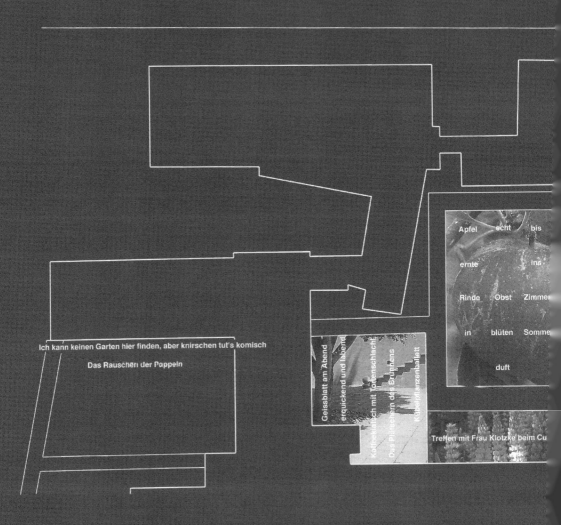

Ich kann keinen Garten hier finden, aber knirschen tut's komisch

Das Rauschen der Pappeln

Apfel echt bis

ernte ins

Rinde Obst Zimmer

in blüten Somme

duft

Geissblatt am Abend

erquickend und labend

Kaffeeklatsch mit Totenschlacht

Das Plätschern des Brunnens

Kinderpflanzenhallett

Treffen mit Frau Klotzke beim Cu

Wegetypologie

Hauptweg Breite: 2,00 m; einseitiger Handlauf
Nebenweg: Breite 1,50 m, Klopfkante
Erfahrungswege: Breite 1,00 m, Wegeverlauf durch umgebende Vegetationsstruktur erfühlbar

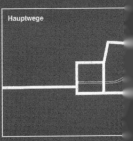

Hauptwege

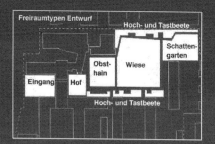

Freiraumtypen Entwurf

Hoch- und Tastbeete

Schatten-garten

Eingang | Hof | Obst-hain | Wiese

Hoch- und Tastbeete

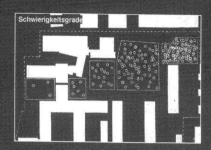

Schwierigkeitsgrade

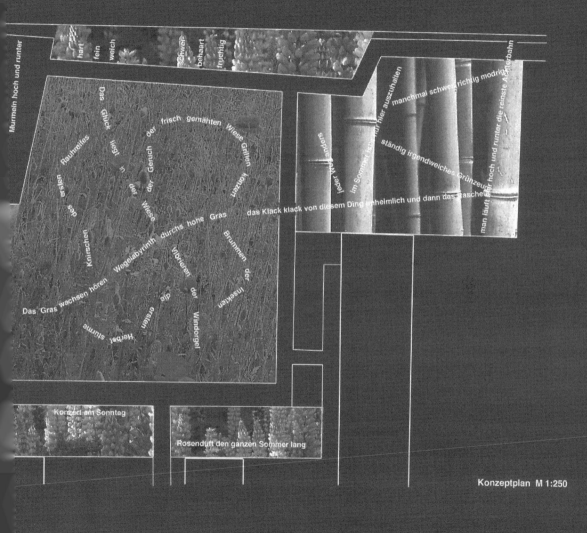

Murmeln hoch und runter

hart fein weich schwer behaart fruchtig

Das Glück liegt in der Wiese der Geruch der frisch gemähten Wiese Grillen konzert

erstem Rauhreifes

Knirschen sep

Das Gras wachsen hören Wegelabyrinth durchs hohe Gras Brummen der Insekten der

Vibrieren die ersten Windorgel

Herbst sturme

im Sommer ist mit hier auszuhalten manchmal schwer richtig modrig

jeder Stoß riecht anders

ständig irgendweiches Grünzeug

man läuft hoch und runter die reinste Achterbahn

das Klack klack von diesem Ding unheimlich und dann das Rascheln

Konzert am Sonntag

Rosenduft den ganzen Sommer lang

Konzeptplan M 1:250

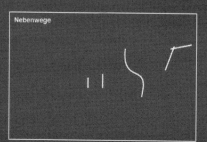

Nebenwege

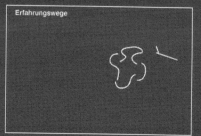

Erfahrungswege

Erlebnisse sind der Duft der Kräuter, das Gefühl der Halme an meinen Händen und Beinen, eventuell das Klackern der Mohnkapseln. Mittelbare Erlebnisse sind z.B. das Summen der Insekten und das Zirpen der Grillen an einem Sommerabend. Diese Dinge wirken beiläufig aber atmosphärisch - sie sind ja nur in geringem Maß planbar - und öffnen Erinnerungen und Gefühle. In diesem Zusammenhang besitzt der Garten eine stärkere Wirkung als jedes Hochbeet und jede „Rindenverschiedenheitstastapparatur".

Wenn ich nun im Winter über die von Rauhreif knirschende Wiese gehe, dann erinnere ich mich vielleicht noch an den Sommerabend mit Grillenkonzert. Ich stehe gleichzeitig an zwei Orten. Der Garten entwickelt also auch eine transformatorische Qualität.

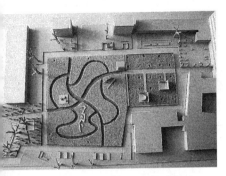

Gartenteile: Schattengarten, Wiese, Obsthain, Hof, Rand

Blick auf Wiese und Obsthain

Dieser Ansatz zwingt den Planer zu einem „Blindflug". Komplexe Strukturen lassen sich nicht mit einem Handstreich am Schreibtisch planen. Das, was zunächst banal daherkommt, kann eigentlich nur in einem Prozess erreicht werden, bei dem Eingriffe in die vorhandene Struktur und eine fortlaufende Weiterentwicklung im Garten möglich sein müssen.

Vielschichtigkeit

Der Garten wird in jeder neuen Situation unterschiedlich bewertet werden können. Eine Wiese riecht unterschiedlich, die Geräusche ändern sich mit der Windrichtung, und eine Sandsteinmauer fühlt sich im Winter mit klammen Fingern auch anders an. Das ist jetzt zunächst nichts Neues, aber die Zielrichtung dieser Gedanken sind wichtig: Der Garten bietet im Alltäglichen und an unvermuteten Stellen neue Sinneseindrücke.

Der Benutzer wird nicht Konsument (das kann er natürlich auch sein, wenn ihm der Sinn danach steht), sondern Entdecker; der Planer nicht Generaldirektor für Sinneseindrücke.

Lust am Garten

Die Planung setzt nicht in erster Linie auf die aufbereiteten und domestizierten Sinneseindrücke. Natürlich gibt es Hochbeete, und auf apparatives Interieur wird nicht vollständig verzichtet. Aber der Schwerpunkt liegt auf der Eigeninitiative der Beteiligten und das Herausstellen von Widersprüchen.

Ich kann den sicheren Weg beschreiten und dennoch von den Sinnesqualitäten profitieren, ich kann mich aber auch ins (zunächst) Ungewisse wagen und nasse Füsse bekommen.

Dieser Teil gehört ebenso zur Planung, will diese sich nicht den Vorwurf der Keimfreiheit gefallen lassen müssen: Klebrige Erde an den Händen, und vielleicht sogar Vogelmist auf der

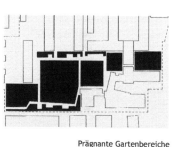

4.6 Entwurfsbeschreibung

Der Entwurf nutzt die vorhandenen Potentiale des Areals und entwickelt sie weiter.
Die Erschließung des Gartens wird weiterhin genutzt und ergänzt, die Gartenteile in ihrem
Charakter gestärkt. Zudem wird durch bauliche Eingriffe die Eingangssituation vereinfacht
und die Verzahnung zwischen Gebäude und Freiraum verstärkt.

Gartenkonzeption

Der Garten gliedert sich in sechs verschiedene Bereiche mit eigenständigem Charakter:
die Eingangssituation, die übersichtlicher und klarer gestaltet ist und Besucher in das Areal
einlädt; den Hof mit einer einheitlichen Gestaltung, der als „Einstieg" in den Garten repräsentative und kommunikative Funktionen innehat; die ehemalige zentrale Rasenfläche mit
den Teilbereichen Obsthain und große Wiese, die für die Nutzer des Gartens geöffnet wird und
den großzügigen Charakter der Fläche betont; den Schattengarten im südlichen Bereich als
Weiterentwicklung des Bestands mit einem „wildnisähnlichen" Charakter und den Randstrei-
fen, der neben Sitzmöglichkeiten Hochbeete und ein Wasserbecken bereithält.
Die Atmosphäre der Flächen ändert sich mit jedem der Teilbereiche und wird, je weiter man
sich von den Gebäuden im Norden entfernt, immer experimenteller.

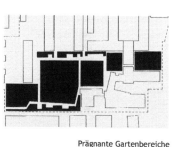

Prägnante Gartenbereiche

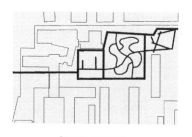

Gesamtes Wegenetz

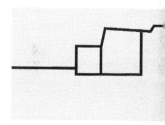

Hauptwege

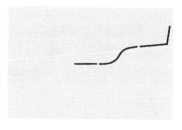

Variante Hauptweg

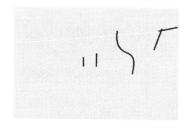

Nebenwege

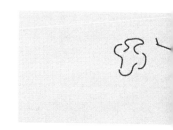

Erfahrungswege

Die vorhandene Vegetation wird ergänzt durch Pflanzen mit olfaktorischem und haptischen
Qualitäten. Bauliche Maßnahmen im Gartenbereich (Mauern, Sitzplätze, Pergolen) bringen
zusätzliche Qualitäten durch Materialvielfalt in den Garten.

Wilhelm-Marhauer-Haus   Hof   Obsthain

Gartenkonzeption

Öffnung des Geländes (auch räumlich!) für Besucher und Stadtteilbewohner; Ermöglichen eines Austausches, Aufhebung der "Ghettosituation".
Ein Garten teilt sich nicht botanisch mit, sondern atmosphärisch. Das Rauschen der Blätter, das Rascheln der Vögel, der Geruch der Erde, Pflanzenduft...
Es werden Gartenbereiche mit unterschiedlichen Atmosphären geschaffen: lichter Obsthain, offene Wiese, feuchter Schattengarten, Hof zum Sitzen und Reden, Hochbeete.
Alltägliche Bedürfnisse wie "Luft schnappen" oder "Abhängen" sollen genau so berücksichtigt werden wie die intensive Auseinandersetzung mit Pflanzen und Materialien. Die Qualität des Gartens muß sich auch beiläufig und nicht mit dem Zeigefinger beweisen können. Unterschiedliche Schwierigkeitsgerade ermöglichen allen Nutzern je nach Lebens- und Stimmungslage, "Ihren" Bereich zu wählen.

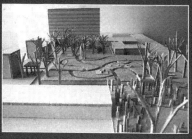

Fotos Tastmodell M 1:200

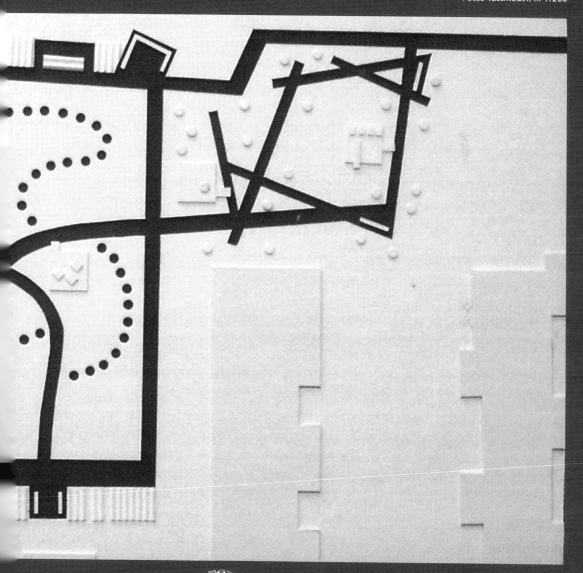

Reliefplan M 1:250

se   Schattengarten   Schnitt M 1:250

Neben den Hauptwegen werden weitere Wege angelegt, die eine Hierarchie aufweisen: Hauptweg und Hauptwegvariante besitzen einen einseitigen Handlauf und Tastborde an der Seite. Sie sind zwei Meter breit. Nebenwege haben eine Breite von 1,50 m und sind mit einer Tastkante ausgestattet. Erfahrungswege schließlich sind 1,20 m breit (im Schattengarten bis 1,00 m). Die Orientierung ist hier nur anhand der Bodenmaterialien möglich.

Follies

Als übergeordnetes Element verteilen sich Follies (abgeschlossene kleine Garteneinheiten, die ein Thema beinhalten) über das ganze Gartenareal. Während die Gartenteile immer eine Vielzahl unterschiedlicher Sinneseindrücke zulassen, sind die Follies auf ein Thema beschränkt. Das kann eine introvertierte Wahrnehmung beinhalten, oder aber ein von Außen vorgegebenes Thema.

In den Follies ist es möglich, einzelne Sinneswahrnehmungen konzentriert zu genießen. Daneben bieten sie durch ihre Abgeschlossenheit Rückzugsmöglichkeiten. Jedes Follie hält auch Sitzmöglichkeiten für einen Aufenthalt bereit.
Die Follies messen 4,50 m auf 4,50 m (bis auf zwei Ausnahmen, die etwas größer sind). In der Materialwahl weisen die Follies eine große Varianz auf. In der Regel werden „natürliche" und künstliche Materialien kombiniert.

Zu den Gartenbereichen

Eingangsbereich

Die Erschliessung des Eingangsbereiches wird nach Osten an die Seite des Verwaltungsgebäudes verlegt. Damit ist es möglich, durch ein Foyer auf direktem Weg in den Garten zu gelangen, anstatt wie bisher erst einige Räume durchqueren zu müssen. Flankiert wird der Fußweg durch fünf Säulenzitterpappeln (*Populus tremula Fastigiata*) die bei Wind weithin hörbar rauschen und als Orientierung dienen. Außerdem finden sich hier mit Blaugurkenwein (*Akebia quinata*) bepflanzte Edelstahlkübel (0,50 x 0,50 x 0,40 m³), die einen Edelstahl-Gitteraufsatz besitzen.

Durch die Verlegung des Weges fallen keine Parkplätze weg, sondern werden lediglich verlegt. Es wird jedoch vorgeschlagen, die Zahl der Behindertenparkplätze auf fünf zu erhöhen, so dass Besucher in Kleinbussen auch in größerer Zahl bequem ins Gebäude gelangen können. Ein Handlauf auf der Gebäudeseite erleichtert die Orientierung und lässt auf der anderen Wegeseite den Zugang vom Parkplatz zum Eingang mit Rollstühlen und Gehhilfen zu.

Im Eingangsbereich befindet sich das erste Follie („Auftakt"). Das Follie besteht aus einer offenen Lamellenkonstruktion aus gehobelten Lärchenlatten, die bis auf einen Zugang an der Ostseite (Weg) abgeschlossen ist. Das Follie ist von außen mit Lavendel als Bodendecker und einer dauerblühenden duftenden Kletterrose, „*Madame Alfred Carriere*", bepflanzt, die auch gut im Schatten gedeiht.

Im Inneren des Follies besteht der Bodenbelag aus Glaskieseln in mattweiss und dunkelblau. In der Mitte des Follies befindet sich eine Plexiglasplatte, die als Sitzmöglichkeit dient. Da die Platte „ungeschützt" im öffentlichen Raum steht, besteht die Chance, dass unaufgeforderte Veröffentlichungen in Form von Ritzungen auf der Glasplatte als Chronik dienen können ...

Am Rand des Innenraums stehen sechs Plexiglaskuben, in die Lautsprecher bündig eingearbeitet sind. Die Lautsprecher stellen die Verbindung zum Garten her: in den Gartenbereichen sind an sechs Stellen Mikrofone installiert, die die Geräusche in das Follie senden.

Modellfoto

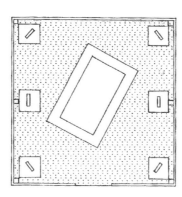

Grundrissplan Follie 1: Auftakt

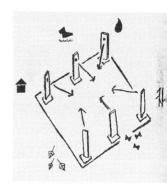

Prinzip:
Geräuschübertragung aus
dem Garten

Die Künstlichkeit der Materialien, die Übertragung der Geräusche und die Wahrnehmung des Rosen- und Lavendelduftes, ohne die Pflanzen berühren zu können, erzeugen einen artifiziellen Raum. Er soll als Auftakt für den Garten interpretiert werden. Aufgrund der Künstlichkeit bleibt beim Besucher jedoch ein Zweifel erhalten, ob die Übertragung wirklich dem Garten entstammt oder nur Retorte ist.

Hof

Ziel der Hofkonzeption soll eine Erhöhung der Attraktivität des Hofbereichs als Treffpunkt sein. Durch eine markante, nutzungsoffene Gestaltung kann der Hof flexibel auf Veranstaltungen wie Gartenfeste, Konzerte und Lesungen reagieren.

Der Hof wird mit hellgrauen Betonplatten (40 x 40 cm[2)]) ausgestattet, in denen im Abstand von drei Metern anthrazitfarbenen Betonfaserrillenplatten verlaufen. Diese dienen der Orientierung und sind gleichzeitig Aufstellort für die Edelstahlkübel (s. Eingang - ohne Aufsatz), die mit verschiedenen Pelargonienarten bepflanzt sind. Die Pflanzkübel bilden auch die Grenze zwischen Hof und Gartenbereich aus. Sie sind mit Rollen versehen, so dass sie im Falle einer Veranstaltung (oder eines Brandes) an die Seite geschoben werden können.
Als Grenze und zur Betonung des Erschließungsweges Wilhelm-Marhauer-Haus/Garten finden sich wieder die hohen Pflanzkübel, diesmal mit *Clematis recta* bepflanzt.
Im hinteren Hofteil, in der Flucht der Verlängerung des Anbaus, wird die Fläche mit Granit-

kleinpflaster belegt. Brunnen und Bänke bleiben erhalten. Der Einbau einer Tür zwischen Hof und Speisesaal belebt den Hof. Ein Kuchenbaum *(Cercidephyllum japonicum)* betont den neuen Eingang und spendet im Herbst beim Laubfall seinen intensiven Zimt-Karamellgeruch.

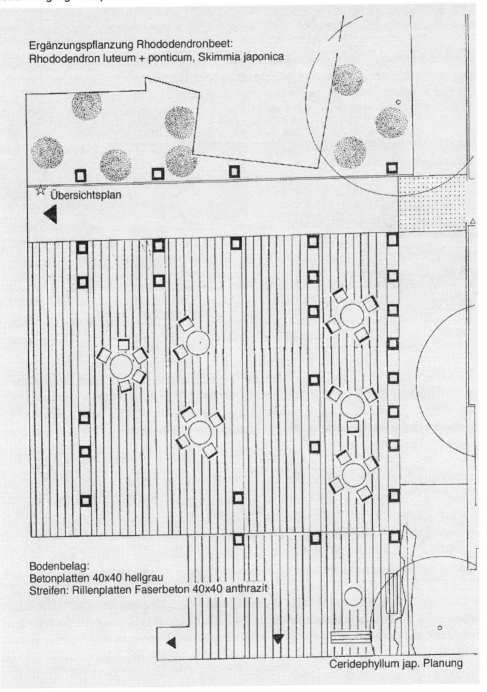

Ergänzungspflanzung Rhododendronbeet:
Rhododendron luteum + ponticum, Skimmia japonica

☆ Übersichtsplan

Bodenbelag:
Betonplatten 40x40 hellgrau
Streifen: Rillenplatten Faserbeton 40x40 anthrazit

Ceridephyllum jap. Planung

Plan Hofbereich

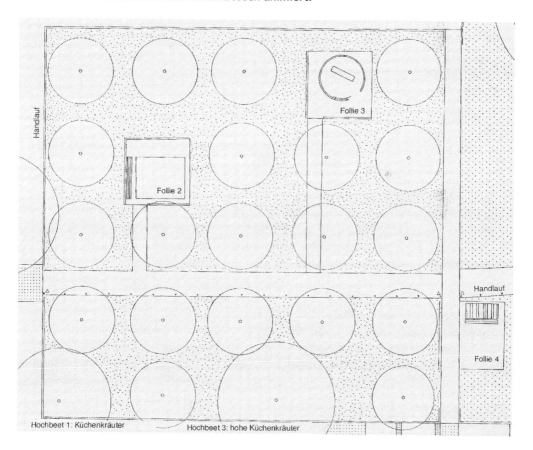

Obsthain

An der Grenze zwischen Hof und südlichem Pflanzbeet entsteht ein Rankgerüst, das mit Geißblatt *(Lonicera caprifolium)* bepflanzt ist und den Hofbereich insbesondere abends mit seinem intensiven Duft aufwertet.

Der Bereich des zum Verwaltungsgebäude bestehenden Rhododendronbeetes wird mit den duftenden *Rhododendron ponticum* und *luteum* sowie mit *Skimmia japonica* ergänzt.

Im Bereich des Obsthains stehen verschiedene Apfel- und Süßkirschensorten in einem Sechs-Meter-Raster zusammen, das teilweise unterbrochen ist. Durch die Konzentration der Obstbäume wird zunächst ein Raum mit flirrendem Lichtspiel geschaffen, das für Menschen mit Sehrest wahrnehmbar ist. Außerdem sind der Blütenduft und das Rascheln des Laubes bis in die südexponierten Balkone und Zimmer wahrnehmbar. Der Garten verlängert sich ins Haus. Die Bewohner werden zu einem Gartenbesuch animiert.

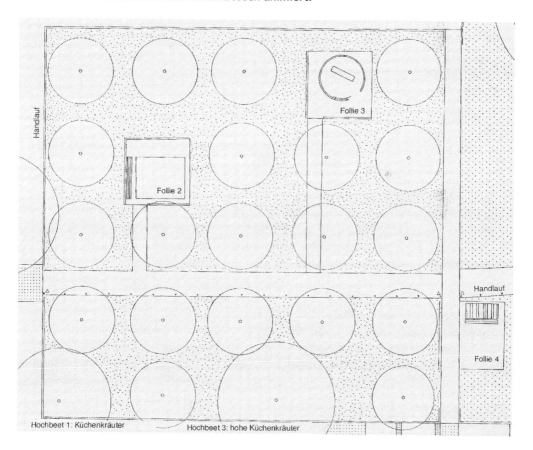

Plan Obsthain

Rasen schafft einen nutzungsneutralen Rahmen, der ein Verlassen der Wege ebenso ermöglicht wie die Nutzung dieses Gartenteils zu Festivitäten (in Verbindung mit dem Hof). Die Hauptwegevariante mit einem hölzernen Pfosten als Orientierungspunkt durchquert den Obsthain. Nebenwege erschließen die beiden sich im Obsthain befindlichen Follies.

137

Das 2. Follie („Wintergarten") besteht aus Milchglasscheiben und Lärchenpfosten als Begrenzung. Im Inneren befindet sich eine Sitzbank aus Synthesekautschuk-Rillenplatten in Gelb und Schwarz sowie drei *Hamamelis „Pallida"*, die von Januar bis März intensiv duften. Im Sommer rinnt aus dem oberhalb der Milchglasplatte befestigten Vierkantstahl ein Wasserfilm auf die Scheiben. Das Wasser rinnt anschließend durch einen auf 1 cm Fuge gesetzten Sandstein-Polygonalverband ins Hamamelisbeet, das zusätzlich mit Sterndolde *(Astrantia major)* bepflanzt ist, die ihren honigähnlichen Duft von Juni bis August verströmt.

Modellfoto

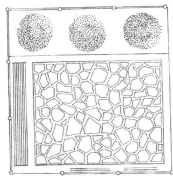

Grundrissplan Follie 2: Wintergarten

Winteraspekt

Das Rinnen des Wassers durch den Polygonalverband erzeugt ein Fließgeräusch, ohne den „Urheber" ertasten zu können, während der Wasserfilm geräuschlos, aber betastbar ist. Der Wintergarten speichert im Winter die Wärme, so dass man an sonnigen Tagen hier sitzen kann. Im Sommer entsteht unter dem Blätterdach ein kühler Ort mit Wasserklängen. Zu beiden Zeiten werden die Aufenthaltsqualitäten durch Düfte gesteigert.

Das Follie 3 („Klangwirrwarr") hat akustische Verwirrung zum Thema. Es besteht aus einer äußeren und inneren Haut aus Ziegeln. Die äußere Haut besteht aus zwei rechtwinklig zueinander verlaufenden Wänden. Die innere Haut hat eine kreisrunde Form.

Zwischen der äußeren und inneren Haut wird ankommender Schall vielfach gebrochen und verzerrt. Im Inneren des Kreises ist die Oberfläche der Ziegelstirnseiten so gebogen, dass ein Muster entsteht, dass Schall bis auf ein Minimum dämpft (wenn die Tür geschlossen ist).

Stille

Lautes Geräusch

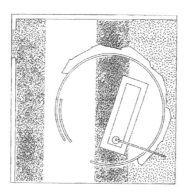

Grundrissplan Follie 3:
Klangwirrwarr

Modellfoto

In der Mitte der Fläche steht eine Betonbank, in die ein Edelstahlspiegel eingelassen ist. Der gleiche Spiegel befindet sich oberhalb des Innenraums. Ein Windspiel ist unter den oberen Spiegel eingehängt und wird - wenn man den Kopf unter die Spiegel hält - verstärkt.
Dies gilt aber nur für den Bereich unter den Spiegeln.

Der Bodenbelag im Follie 3 besteht aus weißem und schwarzem Kies.
Im hinteren Bereich sorgt eine Fläche mit Seidenpflanzen im Sommer für schweren Duft.

Wiese

Der Wiesenbereich wird bewusst als offener Raum von jeder hohen Bepflanzung freigehalten. Zweimal im Jahr wird gemäht: im Juni, wenn das Laub der *Crocus-vernus-Inseln* eingezogen hat und zu Beginn des Herbstes. Wege werden labyrinthisch in die Wiese gemäht. Während der Hauptweg noch den Handlauf mit Holzpollern und Hanfstrick aufweist, kann man sich auf den Erfahrungswegen nur an der Wiesenkante und den auf Lücke eingesetzten Betonplatten orientieren.

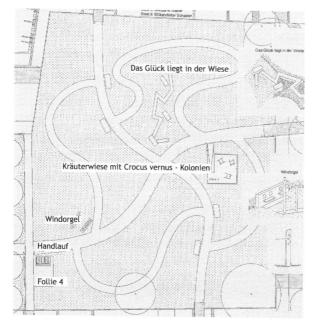

Plan Wiese

139

An den Kreuzungspunkten der Wiese sind besondere Stationen: zum einen vier rechteckige Heusilagepakete, die zum Sitzen einladen und den Heuduft abgeben, obwohl das Heu in Plastik eingeschweißt sind.

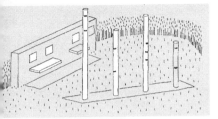

Windharfe

Die Windharfe besteht aus vier Edelstahlzylindern unterschiedlicher Höhe, die im oberen Bereich Öffnungen besitzen, die für eine Verwirbelung der Luft im Zylinder und damit für eine Tonerzeugung sorgen.
Die Töne sind von Klangkörper zu Klangkörper unterschiedlich.
Außerdem vibriert der Klangkörper durch die Schwingungen.

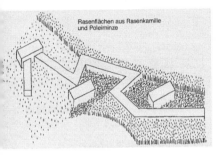

„Das Glück liegt in der Wiese"

„Das Glück liegt in der Wiese" heißt eine Sichtbetonlinie, die in gezackter Form in der Wiese liegt.
Der Titel ist in Brailleschrift auf der Oberseite zu lesen.
Die Brailleschrift wird durch Vierkantnägel in der Verschalung erzeugt. Neben der Betonkante liegen drei Steinblöcke in der Wiese, die aus verschiedenen Materialien mit unterschiedlichen haptischen und thermischen Eigenschaften (Wärmeleitfähigkeit) bestehen. Zwischen den Betonkanten laden Flächen mit Poleiminze und römischer Kamille zum Liegen ein.
Die Wiese wird nicht nur durchquert, sondern als besonderer Aufenthaltsort erlebbar gemacht.
Hier kann man das Gras wachsen hören ...

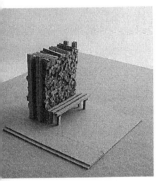

Modellfoto

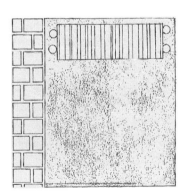

Grundrissplan Follie 4:
„lumberjack`s paradise"

Follie 4: „lumberjack´s paradise"
Auf einer Recyclingschotterfläche befindet sich ein aufgetürmter Holzstapel mit duftenden Harthölzern (Zeder und Eiche) und einer integrierten Bank.
Der Stapel enthält aber auch Kunststoffrohre, an deren Anfang und Ende CDs eingelassen werden, deren Löcher unterschiedlich groß ausgebohrt worden sind und die Klänge der anderen Seite verzerrt wiedergeben.

KG-Rohre als Klangleiter, -verzerrer

Duft des Holzes

Follie 5: „Nachtigallenparkett"
Auf einem Holzpodest mitten in der Wiese, ca. 50 cm
über dem Erdboden schwebend, stehen drei Schaukelstühle.
Setzt man sich darauf, kann man an einem Sommertag das
Schwirren der Insekten und den Wiesenduft genießen.
Fängt man an zu Schaukeln, so merkt man, dass der
Holzbohlenbelag laut knarrt (das Prinzip ist in Japan zur Sicherung
der Schlafgemächer eines Fürsten angewendet worden).

Modellfoto

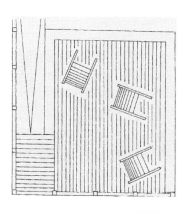

Grundrissplan Follie 5:
Nachtigallenparkett

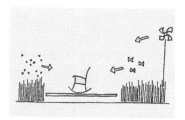

Geräusche der Wiese

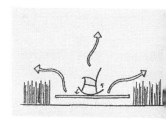

ein eigener Raum ensteht

Man kann auf dem Podest sinnliche Wahrnehmung auf sich wirken lassen, gleichzeitig den
Raum durch das Knarren der Bohlen selbst definieren. Man kann allein knarren, in der Gruppe,
um die Wette knarren ...

Schattengarten

Der Garten teilt sich in einen vorderen Bereich mit Bambushain, den 6. Follie und den hinteren Bereich mit streifenförmigen Pflanzungen und einer freien, mit Ackerschachtelhalm bestandenen Fläche mit dem 7. Follie. Der Charakter des Schattengartens ist geprägt durch schmale Wege, hohe Pflanzen und solche mit breit ausladenden Blättern.

Die kühle, feuchte Atmosphäre und die engen Wege, in denen man oft Gräser und Blätter beim Vorbeigehen berührt, verleihen dem Ort eine bisweilen unheimliche Atmosphäre. Während die Wiese eine eher heitere Atmosphäre, auch durch die Aktivität der Insekten, innehat, wird im Schattengarten durch das Pflanzen von Sträuchern der Vogelbesatz angeregt. Das Rascheln der Tiere fördert die bisweilen unheimliche Stimmung.

Von der Topographie her werden quer zum Hauptweg Wälle aufgeschüttet, so dass der Weg selbst eine Auf- und Abwärtsbewegung beschreibt und durch die entstandene Topographie trockenere Hangstandorte (Gräser) und feuchtere Trichter (Waldgräser, Farne und Stauden) ausgebildet werden. Die Höhe der Pflanzen ermöglicht ein Betasten derselben.

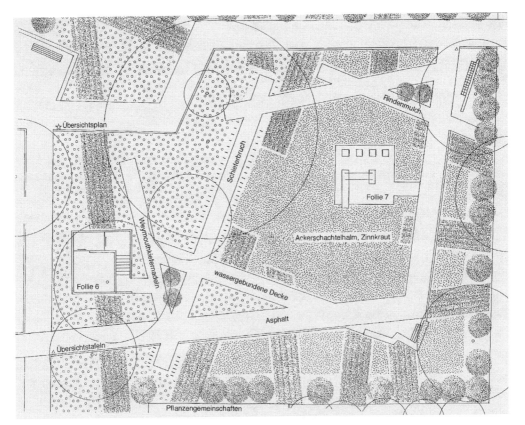

Plan Schattengarten

Die Wegebeläge variieren in diesem Bereich stark: weiche Beläge wie Weymouthskiefernadeln und Rindenmulch wechseln mit harten Belägen (Asphalt, wassergebundene Decke) ab. Einen harten, schwimmenden Belag stellt der Schieferbruch dar, der von einem Weidentunnel

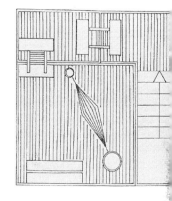

überstellt ist. Auf diesem Bodenbelag erzeugen herabfallende Wassertropfen sehr laute und unheimliche Geräusche.

Zwei Sitzbereiche im hinteren Teil schaffen zusätzliche Aufenthaltsmöglichkeiten: eine Sitzbank an einer Gabbionenwand und eine Pergola aus Gitterrosten und Birkenstämmen, die mit Pfeifenwinde *(Aristolochia macrophylla)* bepflanzt ist.

Follie 6: „Baron auf den Bäumen"

Hier standen Baumhäuser für die Idee Pate. Eine Holzkonstruktion, auf die man nur über eine Treppe und zwei schmale Leitern gelangt, schwebt ca. fünf Meter über dem Normalniveau.

Ist man oben angelangt, so befindet man sich über dem Bambus und den angrenzenden Häusern und hört die Geräusche des Gartens und der Stadt deutlich und klar.

Eine Hängematte ermöglicht ein Relaxen und Ausklinken aus dem Alltagsgeschäft und verleiht diesem Follie eine Aussteigerstimmmung, gleich dem Baron, der eines Tages auf einen Baum stieg und nie wieder herunterkam ...

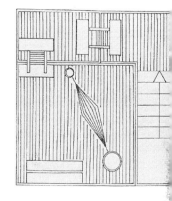

Grundrissplan Follie 6:
„Baron auf den Bäumen"

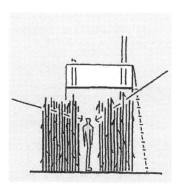

Im Dschungel: gedämpfte Geräusche

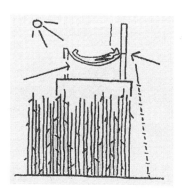

Im Baumhaus: über den Dingen

Modellfoto

Follie 7: „Sisyphosgarten"

Herz dieses Follies ist eine Vorrichtung, die in Japan „Sozu" heißt und ein Bambusrohr bezeichnet, das voll Wasser läuft, seinen Schwerpunkt verändert, umschlägt und dabei einen Ton erzeugt.

In unserem Fall ist das Bambusrohr an einem Edelstahl in der Mitte befestigt.

Eine stehende Betonstele spendet das Wasser, das in das Rohr hineinläuft; und eine liegende nimmt es durch eine Aussparung wieder auf und der Kreislauf beginnt von neuem.

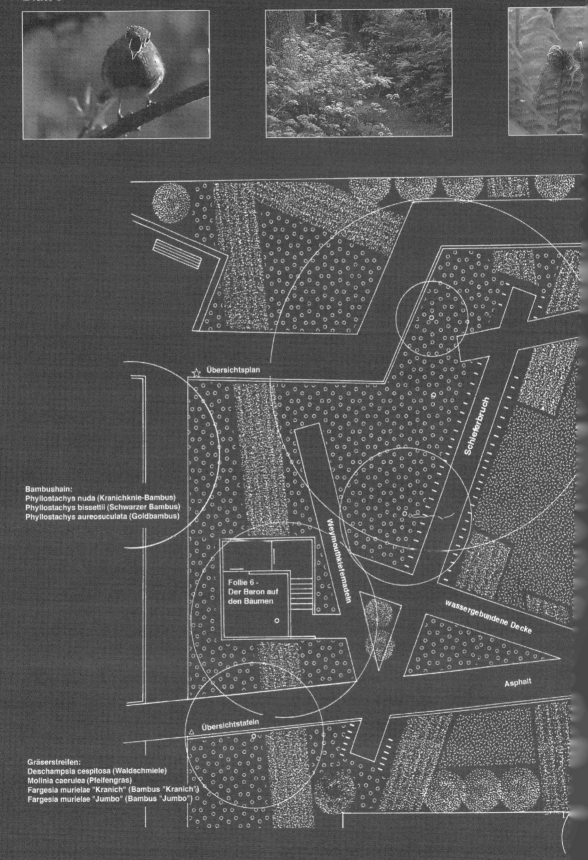

Übersichtsplan

Schieferbruch

Weymouthkiefernadeln

wassergebundene Decke

Asphalt

Bambushain:
Phyllostachys nuda (Kranichknie-Bambus)
Phyllostachys bissettii (Schwarzer Bambus)
Phyllostachys aureosuculata (Goldbambus)

Follie 6 -
Der Baron auf
den Bäumen

Übersichtstafeln

Gräserstreifen:
Deschampsia cespitosa (Waldschmiele)
Molinia caerulea (Pfeifengras)
Fargesia murielae "Kranich" (Bambus "Kranich")
Fargesia murielae "Jumbo" (Bambus "Jumbo")

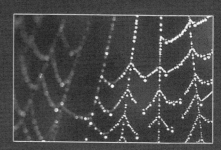

Rindenmulch

Follie 7 -
Sisyphosgarten

Equisetum arvense
(Schachtelhalm- Feld)

Beispiel Gartenbereich: Schattengarten

Der Charakter des Schattengartens ist geprägt durch schmale Wege, hohe und
breitblättrige Pflanzen. Die kühle, feuchte Atmosphäre und die engen Wege,
in denen man oft Gräser und Blätter beim Vorübergehen berührt, verleihen dem Ort
eine bisweilen unheimliche und entrückte Atmosphäre. Vögel sind im
unübersichtlichen Terrain immer präsent. Quer zum Hauptweg werden Wälle
geschüttet, so dass der Weg selbst eine Auf- und Abwärtsbewegung beschreibt.
Die Pflanzungen wechseln sich in Streifen ab: auf der Büschungskrone
schattenverträgliche Gräser, am Böschungsfuß Farne und Schattenstauden.
In der Mitte des Schattengartens eine begehbare Lichtung aus Schachtelhalmen,
die weich anzufühlen sind und die Luftfeuchtigkeit lange an den Blättern halten.
Die Wegebeläge reichen von weichen Weymouthkiefernadeln bis zu hartem
Schieferbruch, der in Kontrast zu dem ihn umgebenden Weidentunnel steht.
Sitzplätze mit großblättrigen Pfeifenwinden laden zum Sitzen ein.

Pflanzengemeinschaften:
Matteucia struthiopteris + Arunucus dioicus (Straußfarn + Geißbart)
Osmunda regalis + Cimicifuga simplex (Königsfarn + Silberkerze)
Luzula sylvatica + Polemonium caerulum (Waldmarbel + Jakobsleiter)
Carex morrowii + Polygonatum odoratum (Waldsegge + Salomonsiegel)
Dryopteris filix- mas + Rodgersia tabularis (Wurmfarn + Schaublatt)
Pachysandra terminalis + Anemone hupehensis (Dickmännchen + Herbstanemone)
Alchemilla mollis + Peltiphyllum peltatum (Frauenmantel + Schildblatt)

Entwurfsplan M 1: 100
Schattengarten

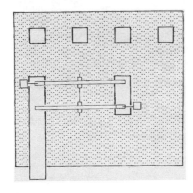

Modellfoto

Grundrissplan Follie 7: Sisyphosgarten

Da sich zwei Systeme dieser Art gegenüberliegen, werden auch zwei Töne erzeugt:
einer beim Ausgießen des Wassers, ein zweiter beim Zurückschlagen in die alte Stellung.
Der Wasserkreislauf bewirkt eine ständige Wiederholung der Töne.
Daher der Name Sisyphosgarten. Vier Sitzsteine aus Beton laden zum Sitzen in diesem Bereich
ein. Der Boden ist mit weißem Kies bedeckt.

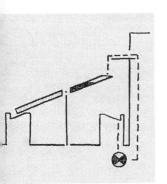

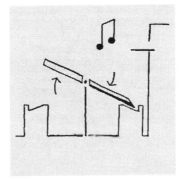

1) Bambusrohr läuft voll
   Wasser

2) schlägt um, entleert sich

3) schlägt zurück

Randbereich

Neben der Aufwertung und dem Neubau von Sitzmöglichkeiten nimmt der Randbereich die
Hochbeete und das Wasserbecken auf. Ein Glockenspiel, das vormals auf der Expo stand,
wird, von Bänken eingerahmt, im westlichen Randbereich stehen. Dort finden sich auch drei
Hochbeete aus Spexader Schwarzgranit (Morgenseite - schnelle Aufwärmung) auf der Höhe des
Obsthains. Hier sind folgende Themen zu finden: Hochbeet 1 - Küchenkräuter - Berührungsdufter; Hochbeet 2 - Koniferen; Beet 3 - hohe Küchenkräuter. Die Fliedersitzgruppe wird
ergänzt, im Bereich des Expo-Glockenspieles wird eine Walnuss und eine Gruppe Gewürz-
sträucher (Calycanthus floridus) gepflanzt. Eine Blauregen-Pergola vervollständigt die Sitzbereiche.

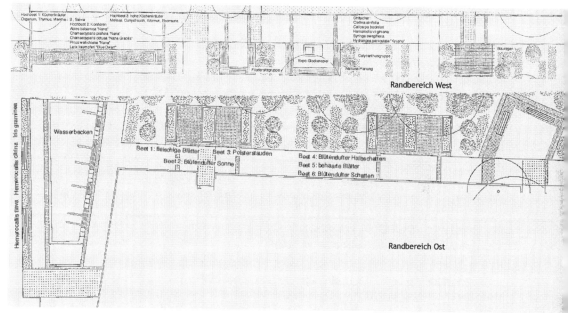

Die Hochbeete auf der Ostseite haben folgende Themen: Beet 1 - fleischige Blätter; Beet 2 Blütendufter Sonne; Beet 3 - Polsterstauden; Beet 4 - Blütendufter Halbschatten; Beet 5 - behaarte Blätter und Beet 6 - Blütendufter Schatten. Sie sind aus rotem Sandstein errichtet. Die sich an der Kreuzung befindende Sitzgruppe wird mit *Philadelphus* umpflanzt.

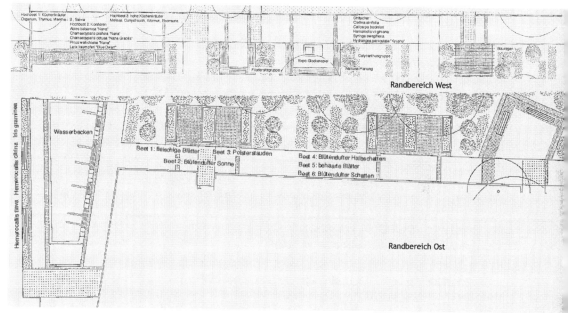

Ein Wasserbeckenbereich im nordöstlichen Gartenteil stellt die Schnittstelle zwischen dem Verwaltungstrakt und dem Garten dar. Auf Bänken, die an der Hauswand stehen, können Bewohner und Bedienstete ein Schwätzchen halten, dem Wasser zuhören und den Duft von Taglilien *(Hemerocallis citrina und flava)*, Pflaumeniris *(Iris graminea)* und Mandelwaldrebe *(Clematis aemandii)* genießen. Das Wasserbecken selbst hat eine Seite mit einer glatten Wasserfläche und eine mit verschiedenen Pflanzen: Wasserfeder *(Hottonia palustris)*, Wasserähre *(Aponogeton dista-chyos)*, Bachminze *(Mentha aquatica)*, Seerose *(Nymphea odorata)* und Molchschwanz *(Saururus cernus)*. Das Wasserbecken aus Schieferbeton bietet Sitzmöglichkeiten in Form von Holzauflagen aus Lärchenlatten auf der Pflanzenseite des Wasserbeckens.

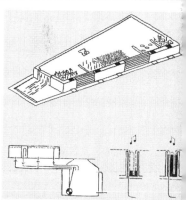

Wasserbecken-Funktionsprinzip: Tonerzeugung bei wechselnden Wasserständen

In der Mitte des Beckens füllt sich ein Edelstahlschacht mit Wasser, bevor er mithilfe von Edelstahlröhren nach dem Hebeprinzip wieder leer gepumpt wird. Die Wasserhöhe beein-flusst den Klang des niederrauschenden Wassers - je mehr Wasser sich im Schacht befindet, desto weicher wird der Klang. Auf diese Weise entsteht eine sich sanft ändernde, andauernde Melodie, deren Veränderung erst auf den „zweiten Blick" wahrgenommen wird. Im westlichen Bereich ergibt sich die Möglichkeit, die Schuhe auszuziehen und über einen Wasserfilm zu laufen, der vom Wasserbecken ausgehend in einem Edelstahlgitter endet.

Orientierung

Orientierbarkeit als eine Grundvoraussetzung für die selbständige Benutzung von Gärten wird bei allen Autoren an erster Stelle der „Prioritätenliste" genannt. Unterschiede ergeben sich aber in der Gewichtung der Maßnahmen: einige Autoren nennen eine flächendeckende Beschilderung, andere durchgängige Handläufe; auch akustische Orientierungshilfen werden an einigen Stellen genannt. Blinde, Sehgeschädigte und Sehende orientieren sich in der Regel unterschiedlich: bei Sehenden ist der Sehsinn für Detailerfassung und Orientierung im Raum wichtigstes Organ; Hörsinn, Geruchsinn und Tastsinn werden in der Regel erst danach zu Hilfe gezogen, und dann in der Regel in der Erfassung von Details. Akustische Raumorientierung erfolgt nur als Hilfsmittel zum Sehsinn oder bei entsprechender Stärke des Signals.

Sehgeschädigte Menschen nutzen die Akustik zur Fernorientierung.
Das ist aber nur bei kontinuierlichen Geräuschquellen und ohne starke akustische Störung möglich. Bei der Orientierung im Raum spielt der Tastsinn die größte Rolle, aber er wird quasi typologisch genutzt (Wechsel der Beläge etc.). Zur Detailerfassung kommt noch der Geruchsinn hinzu, der bei der Wahrnehmung ein erheblich größeres Gewicht als bei Sehenden hat.

Der „Wechsel" verschiedener Wahrnehmungsarten und die bedingte Einsatzmöglichkeit des akustischen Fernsinnes bedingen ein verstärktes Maß an Konzentration. Sehgeschädigte Menschen ermüden deshalb schneller in der Wahrnehmung als sehende Menschen. Außerdem weist König im Handbuch über die blinden- und sehbehindertengerechte Umweltplanung und Verkehrsgestaltung darauf hin, dass Sehgeschädigte nach der Widmung detaillierter Eindrücke größere Schwierigkeiten als Sehende haben, ihre Position im Raum wieder zu bestimmen. In diesem Zusammenhang scheint mir wichtig, dass klar definierte Bereiche zur Orientierung einfacher beitragen können als eine Vielzahl von Hinweisschildern. Gleichwohl sind Hinweisschilder bei Erstbenutzern und beim Verlust der Orientierung eine wertvolle Hilfe, auf die nicht generell verzichtet werden kann.

Die Planung des Sinnesgartens am Wilhelm-Marhauer-Haus enthält folgende Richtlinien:

- Die einzelnen Gartenbereiche (Obstgarten, Wiese, Schattengarten) erhalten von der Atmosphäre und der Materialwahl eine eindeutige Zuweisung, die bei einiger Routine eine Groborientierung ermöglicht.

- Akustische Orientierung ist anhand von vier internen kontinuierlichen Geräuschquellen möglich (Brunnen, Glockenspiel, Wasserwippe, Tonschacht im Wasserbecken).
  Darüber hinaus können diskontinuierliche Geräuschquellen (Windharfe, Nachtigallenparkett, Verkehrs- und Bahngeräusch, Stimmen im Hof als zusätzliche Orientierungsquellen herangezogen werden).

- Olfaktorische Orientierung ist aufgrund der Mengen der verwendeten Pflanzen für die einzelnen Bereiche ebenfalls möglich (Gras, Obstbäume etc.).
  Auf eine Betonung der Wegekreuzungen durch eine markante Pflanzenart, wie bei Seebauer/Züge vorgeschlagen, wird verzichtet, weil die Klarheit der Gesamtkonzeption darunter leiden würde.

Gleichwohl werden markante Freiraumelemente wie z.B. Sitzplätze durch eine Pflanzensorte gekennzeichnet (Fliedersitzgruppe, Wisterien-Pergola, Mandelclematis am Wasserbecken uvm.).

- Aufmerksamkeitsfelder: in Kreuzungsbereichen entlang des Hauptweges wechselt in Höhe des Abzweigs der Belag von Betonpflaster zu Granitkleinpflasterfeldern.
  Im Bereich der Hauptwegvariante und der Nebenwege werden Kreuzungen durch ein Hineinragen des Wegebelages in den gekreuzten Weg gekennzeichnet.

Bei Hochbeeten und Sitzplätzen entlang der Hauptwege kreuzt ein Plattenband aus Beton-faserrillenplatten (40 x 40 cm^2) den Hauptweg. Der Farbkontrast des hellen Belags (Haupt-weg/Hof) mit der Anthrazitfarbe der Bänder ist für Sehgeschädigte gut zu erkennen.
Um Wegekreuzung und Hochbeete unterscheiden zu können, sind die Plattenbänder schmaler als die Granitflächen. Damit wird die bei Seebauer/Züge geforderte Mindestlänge von 1,00 m unterschritten. Der Belag ist jedoch so kontrastreich, dass Taststockgänger den Unterschied in jedem Fall wahrnehmen können. Für Sehgeschädigte, die sich am Handlauf orientieren, muss nach einem Erprobungszeitraum gegebenenfalls ein Hinweis auf dem Handlauf in Form einer Erhöhung etc.) angebracht werden.

- Die Wege selbst dienen als Orientierungshilfen. Aufgrund der Wegebreite (Hauptweg 2,00 m, Nebenweg 1,50 m, Erfahrungsweg maximal 1,20 m), der Ausstattung (Hauptweg Handlauf und Tastkante, Nebenwege Tastkante und Bodenbelag, Erfahrungsweg Bodenbelag) und der Belagsart der Wege (Rundweg: Betonpflaster, Hochbeete, Sitzgruppen und Hof: Plattenbe-lag, Obstgarten: Pflasterklinker, Wiese: Betonplatten mit Abstand verlegt, Schattengarten: Belägemix) ist eine Orientierung möglich.

Anmerkung: auf die bei König vorgeschlagene Hauptwegebreite von 3,00 m bis 3,50 m wird verzichtet, da in einigen Bereichen Aufmerksamkeitsfelder in dichter Folge den Hauptweg kreuzen und bei zu großer Breite des Weges eine Orientierung erschwert würde.

- Hinweistafeln: im Eingangsbereich, am Hauptweg im Hof und am Abzweig zum Taubblinden-zentrum werden Relieftafeln angebracht, die den gesamten Garten und den Standort anzeigen. Wegeeingänge in die Gartenbereiche und die Follies können zusätzlich zur Information mit einem Piktogramm versehen werden, der den Gartenteil anzeigt, in dem man sich befindet.

Für die Hochbeete ist es sinnvoll, Hinweisschilder mit Pflanzennamen in Schwarz- und Braille-schrift anzubringen, als Option für botanisch Interessierte.
Um die Schilder auf der Oberkante der Hochbeete besser finden zu können, wird die Beton-platte vor dem Hochbeet um ca. 1-2 cm angehoben.

Sinnliche Qualitäten

Wie bereits vorher beschrieben, wird der Bereich sinnlicher Wahrnehmung weiter gefasst als im apparativen Zusammenhang. Auch eine Pflanzensammlung - also die Reihung einzelner Pflanzen für Tast- und Geruchswahrnehmung - wird auf einige Bereiche beschränkt. Sinneswahrnehmungen sind im Entwurfskonzept Mittel zum Zweck, um Atmosphären und Stimmungen zu transportieren. Deshalb könnte theoretisch ein Sinnesgarten ohne jede Pflanze auskommen, wenn der Transport von Atmosphäre konsequent umgesetzt wäre.

Auch hier einige Essentials der Entwurfskonzeption:

• Originale statt Surrogate. Wie im „Rindenbeispiel" beschrieben, wird auf „Anschauungs-apparate" weitgehend verzichtet zugunsten einer Planung im Zusammenhang. Statt Rinde Sträucher und Bäume, statt Gräsern und Blattstauden ein Schattengarten ...
Die Hochbeete und die Sträucherstreifen am Rand bilden eine Ausnahme, da hier Pflanzen nach bestimmten Gesichtspunkten - Blüten, Polster, haarige Blätter, Berührungsdufter - ausgewählt worden sind. Als Prinzip ändert sich von Beet zu Beet die Wahrnehmungsart (Tasten, Riechen), um einer Ermüdung vorzubeugen.

• Antagonisten statt Reihung. Das Spiel gegensätzlicher Materialien entwickelt meines Erach-tens eine größere Spannung als die Aneinanderreihung gradueller Unterschiede.
Neben der Wahrnehmung der Gegensätzlichkeit soll auch deutlich werden, dass der Garten nichts Natürliches, sondern dessen Übersteigerung darstellt. Künstliche Materialien können diese These wirkungsvoll vermitteln. Besonders in den Follies greift das Prinzip gegensätzli-cher Materialien: z.B. Holzlamelle und Plexiglas, Beton und Weiden/Bambus, Holzstämme und Milchglasscheiben.

• Verwirrung stiften: Sinneswahrnehmung ist immer subjektiv. Der Wahrnehmende wird allzu oft getäuscht aufgrund der Zuordnung und Bewertung seiner Wahrnehmung zu gemachten Erfahrungen. Auch wenn Lusseyran in erster Linie den Sehsinn für diese Täuschungen verantwortlich macht, glaube ich eher daran, dass Blinde und Sehende nicht weit voneinan-der entfernt sind. Ein humorvoller Umgang mit diesen Phänomenen hält allen Nutzern einen Spiegel vor. Beispiel: Im Sommer wird man vom 2. Follie („Wintergarten") aus Entfernung ein Wasserplätschern wahrnehmen. Betritt man das Follie, bemerkt man den Wasserfilm, der kein Geräusch macht. Erst spät wird man auf die Spalten in den Polygonalplatten auf-merksam, die dieses Geräusch verursachen.

• Vertrauen in die eigene Wahrnehmung. Statt Apparate aufzustellen, die Sinneswahrnehmun-gen vermitteln, werden die eigene Leistungsfähigkeit und Varianz der Wahrnehmung unterstützt.
Das erzeugt vielleicht im ersten Moment Enttäuschung, weil die erwarteten „Hypes" vermisst werden, fördert aber die Selbstbeobachtung anstelle der Konsumentenrolle.

Akustik

Im Sinne der vielfältigen Wahrnehmungsebenen vermittelt die Akustik nicht nur Orientierung, sondern auch Stimmungen. Ein Wassertropfen, der vom Weidentunnel auf den Schieferbruch-Wegebelag fällt, vermittelt die Stimmung eines Schattengartens wirkungsvoller als Apparaturen und Schilder.

Das Rascheln der Wiese beim ersten Herbststurm oder das Rauschen eines Regens auf den Blättern im Obsthain sind weitere Beispiele für eine Wahrnehmung, die, weil sie Stimmungen und Gefühle transportiert und Erinnerungen aufschließt, vielschichtiger wirkt als die didaktisch-apparative Ebene.

Olfaktorik

Gerüche transportieren Stimmungen ebenso wie Geräusche. Deshalb wird ein Konzept vorgeschlagen, indem z.B. die Düfte der Pflanzen mit den Gartenteilen kooperieren: honigartig und süß im Obsthain, frisch im Wiesenbereich und schwer im Schattengarten.
Neben den Jahreszeiten werden die Tageszeiten im Garten erfahrbar: die würzigen Düfte der Küchenkräuter am Mittag oder die schweren Düfte von Geißblatt am Abend.

Haptik

Die haptische Wahrnehmungsebene bedeutet nicht nur das Wahrnehmen von unterschiedlichen Oberflächen, auch Wärme/Kälte, Feuchtigkeit und Bewegung (räumliche Ausdehnung) spielen eine Rolle. Die Hochbeete auf der Ostseite des Gartens nehmen aufgrund der geringeren Wärmeleitfähigkeit Wärme langsamer auf, besitzen aber eine höhere Speicherkapazität und geben auch noch Stunden nach Sonnenuntergang die Wärme ab. Die Hochbeete auf der Ostseite erwärmen schnell, so dass diese auch schon am Vormittag angenehme Temperaturen ausstrahlen. Auch kondensiert dort schneller Luftfeuchtigkeit.

5. Umsetzung

Der Entwurf der Diplomarbeit wurde im Mai 2001 im Wilhelm-Marhauer-Haus vorgestellt, nachdem bereits im Februar das Gartenkonzept mit den Beteiligten diskutiert worden war. Seitens des Trägers wurde Interesse an einer Umsetzung signalisiert. Die Gesamtkosten für die Umsetzung bezifferten sich in der Kostenschätzung auf 780.000 DM. Eine Weiterbeauftragung wurde nach der Klärung der Finanzierung des Projektes in Aussicht gestellt.

Im Herbst 2001 erfolgte die Beauftragung der Leistungsphasen 3 bis 8.
Der vom Träger vorgegebene Kostenrahmen für die Umsetzung des Projektes inklusive der Planungsleistungen belief sich auf 255.000 EUR. Infolgedessen bestand die Hauptaufgabe der Entwurfsplanung darin, „die Spreu vom Weizen zu trennen" und wichtige von weniger wichtigen Bestandteilen zu trennen, ohne das Konzept zu verwässern.
Im Laufe der Planungsarbeiten stellte sich jedoch heraus, dass der engere finanzielle Rahmen nicht nur den Nachteil von Kürzungen nach sich zog, sondern in vielen Bereichen eine Reduzierung auf das Wesentliche und somit eine Stärkung des Konzeptes beinhaltete. Ich werde später im Detail darauf eingehen.

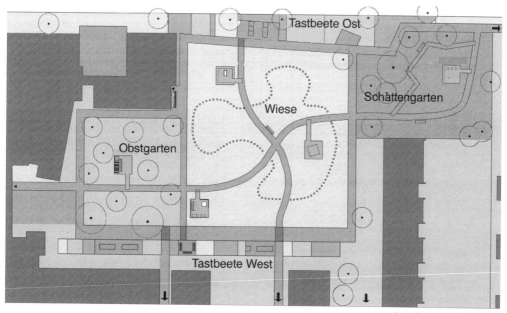

Lageplan nach der Umsetzung

Der Planungsprozess wurde vom Auftraggeber kritisch begleitet, ohne uns in den Entscheidungen stark einzuengen. Letzten Endes sind alle wichtigen Elemente der Planung übernommen worden, teilweise sogar hochwertiger als ursprünglich geplant, wie z.B. bei den Hochbeeten und den Mauern am Taubblindenzentrum. Auch unser Anliegen, in Detailfragen neben non-visuellen Qualitäten im Hinblick auf sehende Besucher die visuelle Ebene einzube-ziehen, sind aufgegriffen worden. Dies lässt sich z.B. an der Detaillierung der Handläufe sehr gut ablesen.

Während des Planungsvorganges sind Aufgaben hinzugekommen.
Die eben erwähnten Handläufe und die Erneuerung und Ergänzung der Beleuchtung seien hier genannt.

Bereiche

Der Eingangs- und Hofbereich sind (zunächst) von einer Umgestaltung ausgeschlossen.
Die Pförtnerloge soll weiterhin als Anmeldung fungieren, um eine Kontrolle über Gäste und Gartennutzer zu behalten. Folglich ist der Umbau des Eingangsbereiches nicht nötig.
Die Umgestaltung des Hofes als Entree, Aufenthalts- und Festbereich des Gartens soll mit der Sanierung des Wohngebäudes in einigen Jahren erfolgen. Die Bereiche Obstgarten, Wiese, Schattengarten und die Randbereiche sind in der Konzeption weiter entwickelt worden.

Ansicht Wiese
bei Wilhelm-Marhauer-Haus

Schattengarten

Garten- und Hofansicht

Handlauf und Wegeführung mit
Aufmerksamkeitsstreifen

Kreuzung von Wegen
unterschiedlicher Beläge

Erfahrungsweg im Schattengarten

Wege

Die Wegehierarchie mit Hauptwegen um die Gartenbereiche, der Hauptwegsvariante mitten durch die Gartenbereiche, den Nebenwegen und den Erfahrungswegen ist ebenfalls übernommen worden. Erprobt werden wird insbesondere die einseitig mit Handlauf versehene Hauptwegsvariante durch die Gartenteile. Die Orientierungs- und Mobilitätstrainer wünschten sich auch hier einen doppelseitigen Handlauf, der aber insbesondere das Erlebnis Wiese vermindert hätte. Wir hoffen, dass die einseitige Lösung tragfähig ist.

Follies

Die Follies als übergeordnetes Gartenthema erwiesen sich in Hinblick auf ihre räumliche Flexibilität als tragfähiger Bestandteil der Konzeption.

Neue Bänke vor der Südfassade

Follie „lumberjack´s paradise"

„lumberjack´s paradise" im Bau

Die Zuwegung ist im Verhältnis zur ursprünglichen Konzeption deutlich vereinfacht worden. Die einheitliche Ausstattung mit Porphyrpflaster anstelle unterschiedlicher Materialien folgt dem Tenor einer einfachen und hochwertigen Gestaltung und dient zudem als Orientierungshilfe.

Durch das Wegfallen einzelner Elemente insbesondere im Wiesenbereich sind die Follies in ihrer Bedeutung gestärkt worden.

Gartenteile

Obstgarten

Im Obstgarten befindet sich aus Platzgründen noch ein Follie, „lumberjack´s paradise". Es tauscht den Standort mit dem Wintergarten, der jetzt am Rand der Wiese steht.

Die Bepflanzung mit Apfel- und Kirschbäumen wurde aufgrund der Bodenverhältnisse zugunsten feuchtetoleranter Apfel- und Zierapfelsorten geändert.
Statt der beabsichtigten 20 sind 8 Stück gepflanzt worden.

Neben der Pflegeintensität sprach die starke Beschattung der angrenzenden Büroräume gegen die hohe Bestückung.

Wintergarten Detail

Follie „Wintergarten" im Bau

Konstruktionsdetail
Wintergarten

Im Bereich der Wiese werden statt der geplanten zwei Follies drei Follies stehen.
Neben dem Wintergarten und dem Nachtigallenparkett befindet sich im nordöstlichen Garten-
bereich gegenüber der Verwaltung ein weiteres Follie, das ein Glockenspiel aufnimmt.
Der ursprüngliche Standort des Glockenspiels wurde vom Randbereich in die Wiese verlegt.
Das Glockenspiel kann sowohl für Konzertveranstaltungen bespielt als auch einzeln, z.B. im
Stundenturnus erklingen. Im Gegensatz zum Wasserbecken, das sich ursprünglich in diesem
Bereich befunden hat und im Winter abgelassen werden musste, dient es als ganzjährige
akustische Orientierungshilfe.

Der „Wintergarten" erhielt statt Plexiglas Holzlamellen. Zusätzlich zu der Zaubernuss ist er
mit 4 Hopfenstauden bepflanzt. Beim „Nachtigallenparkett" wurden drei Schaukelstühle zu
einer großen Sitz- und Liegewippe zusammengefasst, die nun über das Pflaster klappert, statt
zu knarren.

Pflanzaktion

Neue Hochbeete

Tastbeete und Sitznischen

Der Erfahrungsweg, ursprünglich als gemähtes Band innerhalb der Wiese gedacht, das seine
Lage je nach Gusto des mähenden Hausmeisters ändern sollte, bekommt durch in die Wiese
gelegte Stahlplatten nun eine unveränderbare Position. Im Gegensatz zur früheren Konzeption
ist dieser Weg aber auch im Winter noch begehbar.

Schattengarten

Im Schattengarten steht noch ein Follie, der Sisyphosgarten, der in seiner Konzeption nahezu
unverändert blieb. Bis auf die Zuwegung zum entfallenen Folie 6 sind die Wege durch den
Garten ebenfalls geblieben. Aus Gründen der Orientierung wurde der Erfahrungsweg aber
leicht verändert.

Randbereiche

Sitzplätze sowie Tast- und Hochbeete sind in ihrer Anzahl verringert worden. Dafür wurde der
Anteil an flächigen Pflanzungen erhöht. Zwei Hochbeete sind im Westen vor dem Speisesaal
positioniert, zwei Tastbeetbereiche im Osten und Westen der großen Wiese.
Auch einzelne Pflanzenarten sind geändert worden (s.o.), dennoch wird man die meisten
Pflanzen aus der Pflanzenliste dort wiederfinden.

Ausblick

Die Bauarbeiten sind bis auf die Rasen- und Wieseneinsaat im November 2002 abgeschlossen worden. Wie der Garten von Bewohnern und Besuchern angenommen werden wird, zeigt sich erst im nächsten Sommer. Die Tastqualitäten einiger Sträucher und Stauden werden sogar erst in zwei bis drei Jahren erfahrbar werden.

Neben Freizeitnutzungen zielt das Gartenkonzept auch auf Unterstützung des Orientierungs- und Mobilitätstrainings. Nach Aussage der Orientierungs- und Mobilitätstrainer wird der Garten verstärkt zum Training benutzt werden.

Auch der Heimleiter, Herr Lange, beurteilt die Neuanlage des Gartens positiv und rechnet mit einer verstärkten Nutzung. Falls wie geplant ein Seniorenwohnheim für sehgeschädigte und blinde Personen gegenüber des Wilhelm-Marhauer-Hauses gebaut wird, dürfte sich die Nutzung des Gartens nochmals verstärken.

Neuer Garten des Glockenspiels   Detail Glockenspiel   Ansichten Sitz- und Liegewippe

Ob der Garten langfristig attraktiv bleiben wird, hängt nicht zuletzt von der Bereitschaft des Trägers ab, eine wirksame Pflege zu gewährleisten. Bei der Pflanzen- und Materialauswahl wurde zwar auf Haltbarkeit und geringe Pflegeansprüche Wert gelegt, im Verhältnis zum vorherigen Zustand wird sich der Pflegeaufwand aber erheblich erhöhen.

Beteiligt an der Planung waren: foundation 5+ (H.J. Achterberg, M. Herz; K. Wald; P. Krebs für Wintergarten und Sitz- und Liegewippe) sowie der Künstler Werner Redecker für die Wasserwippe.

Die Gesamtkosten beliefen sich inkl. der Planungshonorare auf ca. 270.000 EUR.

Fazit

Über die eigene Gratwanderung

Diese Arbeit gibt Auskunft über meine eigene Gratwanderung.

Es fängt damit an, dass die Konzeption der eigenständigen Gartenräume wie Eingang, Hof, Obsthain, Wiese, Schattengarten mit vielfältigen akustischen, olfaktorischen und taktilen Bezügen im Gegensatz zu den Follies als abgeschlossene Einheiten mit einer gelenkten Wahrnehmung von manchen als zu theoretisch kritisiert wurde.

Ich glaube aber, dass Gegensätze bei Blinden wie Sehenden das Gartenerlebnis stimulieren können. Natürlich wird in den Follies Wahrnehmung „en miniature" geliefert.

Bei meinen Gesprächen vor Ort wurde auch deutlich, dass die Follies nicht nur als Wahrnehmungsinstrument, sondern als notwendiger Rückzugsraum verstanden wurden und somit verschiedene Funktionen erfüllen werden.

Grundsätzlich ist die Konzeption der verschiedenen Geschwindigkeiten, die unterschiedlichen Lebensentwürfen und -situationen Rechnung trägt, bei meinen Vorstellungen sehr positiv aufgenommen worden.

Auch die Konzeption eines Gartens, der nicht das Prädikat Blindengarten wie ein Banner vor sich herträgt, ist einhellig begrüßt worden.

Auseinandersetzung mit eigener Wahrnehmung: Sinneswahrnehmung unterliegt viel stärker individuellen und lebensweltlichen Einflüssen, als wir gemeinhin annehmen. Auf Planungen bezogen heißt das, „Halbzeuge" (Baier) anstatt geschlossene Systeme zu planen. Und: Die eigene Wahrnehmung, eigene Phantasie und der eigene Ansatz muss in der Arbeit lesbar sein. Der Begriff „objektiver", also „zielgruppenorientierter" Planung ist im Verlauf der Arbeit relativiert worden. Die Planung trägt autobiographische Züge.

Das ersetzt nicht die Auseinandersetzung mit Klientel und Auftraggebern, fügt dem aber ein eigenes Statement hinzu. Ich bin sehend und werde mich immer nur bedingt einarbeiten können. Ich kann mir Fakten aneignen, aber nur sehr bedingt Gefühle und Stimmungen nachvollziehen.

Ich halte inzwischen wenig von Selbstversuchen wie Augen zumachen oder das Blindencafé in Wiesbaden besuchen, das sich allmählich zu einer Attraktion für Sehende entwickelt.

Es ist wichtig, sich auch als Sehender im Hinblick auf andere Sinne und eine „andere" Wahrnehmung zu sensibilisieren. Die dort vermittelten Erlebnisse werden aber durch die eigenen, sehenden Lebensumstände gefiltert und bleiben „sehend". „Blind-spielen" - die Polemik bitte ich zu verzeihen - hilft weder den Sehenden noch Sehgeschädigten oder Blinden, denn diese Erlebnisse sind in der Regel „Events" - der Alltag bleibt draußen.

Die Arbeit beinhaltet auch eine Auseinandersetzung zum eigenen Verhältnis zu Behinderung: Vorurteile gehören auch bei Planern zur Tagesordnung. Das ging und geht mir auch noch oft so. Denn im Umgang mit behinderten Menschen offenbart sich, wie tief diese Vorurteile durch Gesellschaft und Erziehung verwurzelt sind. Die behindertengerechte Planung ist da oft genug ein Feigenblatt, um mangelnde Auseinandersetzung mit diesem Thema zu kaschieren.

Das Hinterfragen vordergründig progressiver An- und Absichten an Begrifflichkeiten wie z.B.

Integration macht deutlich, ob der Begriff Interesse und Annäherung oder Aussortieren bedeutet. Planung ist nicht frei von gesellschaftlichen Vorstellungen, sondern gießt diese in räumliche Formen.

Planung unterliegt einer Gratwanderung: das Weglassen „behindertengerechter" Details kann befreiend sein (weil behindertengerecht andere Nutzer ausschließen kann) oder aber didaktisch-oberlehrerhaft, in dem Menschen zu ihrem Glück gezwungen werden und im Zweifelsfall (denken wir wieder an lebensweltliche Zusammenhänge) von Nutzungen ausgeschlossen sind. Ansporn und Segregation liegen dicht beieinander.
Beispiel: ich hätte gern auf Handläufe im Bereich des Obstgartens und der Wiese verzichtet, weil meines Erachtens der Charakter dieser Gartenteile ohne Handlauf deutlicher wird. Statt Wege festzulegen, hätte ich lieber Rasenwege in die Wiese gemäht, die sich von Saison zu Saison ändern.

Bei der Vorstellung wurde aber deutlich, dass meine Gesprächspartner aufgrund der Bewohnerstruktur Orientierungshilfen im klassischen Sinn wünschten. Was also tun? Auf den progressiveren Ansatz beharren? Oder unter dem Mantel der Nutzerinteressen den eigenen Planungsansatz verwischen?
Letzten Endes habe ich mich für einen Handlauf entschieden. Es gibt also einen sicheren Weg durch den Obsthain und die Wiese. Hier kann man einen Hauch von der Atmosphäre dieser Gartenteile spüren.
Das eigentliche Erlebnis vermittelt sich aber nur dem, der den Weg verlässt und auf eigene Faust durch diese Bereiche streift.

Arbeit für Blinde und Taubblinde
Die theoretische Auseinandersetzung dieser Arbeit fand in erster Linie in Bezug auf Blinde statt. Zu diesem Thema existiert erheblich mehr Arbeitsmaterial als in Bezug auf Taubblinde. Der Garten wird vornehmlich von Blinden benutzt. Der Entwurf aber ist so angelegt, dass Taubblinde den Garten ebenso nutzen und genießen können.
Der Garten soll ein Sinnesgarten sein. Das trägt zum einen der fortschreitenden Tendenz der Heterogenität der Bewohner und Angestellten Rechnung. Außerdem soll der Garten auch der Öffentlichkeit zugänglich sein.

Zum planerischen Instrument der behindertengerechten Planung
Nutzerbezogene Planung für „Randgruppen" kehrt sich im Moment der Reduzierung dieser Gruppe auf bestimmte Attribute ins Gegenteil um: die Planung läuft ins Leere, indem sie der „Zielgruppe" eine Selbstverständlichkeit im gesellschaftlichen Umgang verweigert. An dieser Stelle müssen auch rechtliche Rahmenbedingungen kritisiert werden.
Planungsrichtlinien wie DIN-Normen oder Vorgaben zur behindertengerechten und barrierefreien Planung sind zunächst als Instrumente zur Durchsetzung von Interessen beeinträchtigter Menschen geschaffen worden. Der Hintergrund war eine Planungskultur, die auf die Belange dieser Menschen nur unzureichend eingegangen ist.

Insofern war das Ziel ein fortschrittliches, nämlich Selbstbestimmtheit und Selbstverständlichkeit Behinderter im gesellschaftlichen Raum zu gewährleisten.

In den Literaturrecherchen (auch bei anderen Fachplanern) fanden sich aber großteils Stereo-typen, die den Ort und die Vielschichtigkeit der Benutzer fast ausschließlich auf die eingeschränkte Sehfähigkeit reduzierten. In diesen Fällen ist die vornehmliche Aufgabe von Planung der „Vermeidungsfaktor".

Solange Richtlinien wie z.B. DIN-Normen Menschen in erster Linie als potentielle Schadensfälle behandeln und alle „Schwierigkeiten" aus dem Weg räumen, muss die Frage erlaubt sein, ob sie Menschen vor Schaden bewahren oder durch den Ausschluss von alltäglichen Erfahrungen, Gefühlen und Konflikten Schaden zufügen.

Umsetzung

Die wenigsten Diplomarbeiten haben das Glück, anschließend auch umgesetzt zu werden. Für das mir entgegen gebrachte Vertrauen seitens des Trägers möchte ich mich noch einmal bedanken. Es war insofern etwas einfacher, da ich als Mitglied eines Planungsbüros eine Infra-struktur hatte, die bei den Verhandlungen eine wichtige Rolle spielte und die viele Student-Innen, deren Arbeiten ebenso gut sind, eben nicht haben.

Der Lerneffekt bei diesem Projekt war enorm. Neben der Bestimmung einer inhaltlichen Position, die hoffentlich auch für andere Projekte von Nutzen sein wird, war die Überführung des Konzeptes in baubare Strukturen eine große Herausforderung, die bisweilen mit Schmer-zen verbunden war. Dennoch stehen wir (als Büro) voll und ganz hinter dem Ergebnis.

Wir haben selten einen Planungs- und Bauprozess erlebt, der so spannend war wie dieser. Bleibt zu hoffen, dass seitens des Trägers eine Pflege bereit gestellt werden kann, die den Garten über Jahre hinweg in seiner Idee erlebbar macht.

Rolle der Hochschule

Natürlich bleibt zu hoffen, dass im Fachbereich Architektur, Stadt- und Landschaftsplanung weitere Diplom- und Projektarbeiten umgesetzt werden können. Die Zusammenführung von Theorie und Praxis ist meines Erachtens eine der wichtigsten Aufgaben der Hochschulen. Die Bearbeitung dieser Aufgabenstellung war aber unter anderem auch aufgrund ihrer Querschnittsorientierung erfolgreich.

Der frisch fusionierte Fachbereich 06 in Kassel mit seinem eigenständigen Profil bietet dazu weiterhin gute Chancen, wenn sie genutzt würden.

Darüber hinaus zeigt sich aber auch, wie fruchtbar der Blick über den Tellerrand sein kann. Die Nähe zu Gestaltung und Design wird oft zitiert. Es sind noch gänzlich andere Modelle denkbar.

Ausblick

Die Auseinandersetzung mit dem Thema Blinden- und Sinnesgarten wird in der Regel als eine „Nischenplanung" betrachtet.

Eng genommen - das heißt allein auf die Nutzergruppe bezogen - ist das sicherlich richtig. Die Arbeit beeinflusst aber einige Bereiche, mit denen wir uns oft auseinandersetzen (müs-sen): Die Diskussion über gesellschaftliche Faktoren von Behinderung schlägt sich beispiels-weise auf die Sichtweise des öffentlichen Raumes (Barrierefreiheit/Gleichstellungsgesetz) und die konzeptuelle Ebene therapeutischer Gärten nieder.

Das Einarbeiten in haptische und olfaktorische Qualitäten von Pflanzen wird hoffentlich weiterhin Anwendung finden. Für Projekte im sozialen Bereich sind hierfür gute Chancen gegeben.

Insofern kann die Arbeit auch als das „Einrichten" einer neuen Ebene in den Planungsalltag verstanden werden.

Pflanzenliste

	Name	bot. Name	Höhe	Aspekt	Eigenschaften
Eingang	Säulenzitterpappel	*Populus tremula* „Fastigiata"	bis 25 m	Laubrascheln weithin hörbar	Wurzelbrut
	Kletterrose	*Rosa Madame „Alfred Carriere"*	bis 6 m	Dauerblüher, intensiver Duft	schattenverträglich
	Blaugurkenwein	*Akebia quinata*	bis 8 m	Schokoladenduft April-Mai	schattenverträglich
	Schattenblume	*Smilacena racemosa*	bis 0,9 m	Zitronenduft März-April	wuchernd
Hof	Waldrebe	*Clematis recta*	bis 2 m	starker Duft	Sonne-Halbschatten
	Pelargonie	*Pelargonium odoratissimum*	bis 1 m	Apfelduft, Berührungsdufter	überwintern
	Pelargonie	*Pelargonium crispum „Queen of Lemon"*	bis 1 m	Zitronenduft, Berührungsdufter	überwintern
	Pelargonie	*Pelargonium „Apple Mint"*	bis 1 m	intensiver Pfefferminzduft, Berührungsdufter	überwintern
	Pelargonie	*Pelargonium cinnamomum*	bis 1 m	Zimtduft, Berührungsdufter	überwintern
	Junkerlilie	*Asphodeline lutea*	0,9 m	intensiver Duft im Juni	als Kübelpflanze geeignet
	Azalee	*Rhododendron luteum*	bis 2 m	geißblattähnlicher Duft im Mai	sonnenverträglich
	Lorbeerrose	*Skimmia japonica „Fragrans"*	bis 1 m	intensiver Duft im April und Mai	kalkunverträglich
	Geißblatt	*Lonicera caprifolium*	bis 6 m	starkduftend am Abend	anspruchslos
Obsthain	Apfel	*Malus domestica*	Hochstamm, bis 6 m	Blüte und Früchte	Schnitt vonnöten

	Name	bot. Name	Höhe	Aspekt	Eigenschaften
	Süßkirsche	*Prunus domestica*	bis 12 m	Blüte und Früchte	gelegentlicher Schnitt
	Seidenpflanze	*Asclepias syriaca*	1,5 m-2 m	honigartiger Duft, Juni-August	Bienenmagnet, ausläuferbildend
	Sterndolde	*Astrantia major*	0,5 m-0,7 m	Honigduft Juni-August	pflegeleicht
Wiese	Rasenkamille	*Anthemis nobilis „Treneague"*	bis 0,2 m	begehbar	
	Korsische Minze	*Mentha requinii*	0,05 m	begehbar	einjährig
Schattengarten	Balsampappel	*Populus balsamifera*	bis 30 m	stark duftender Austrieb	Schösslinge
	Frühe Traubenkirsche	*Prunus padus*	bis 12 m	Mandelduft April, säuerlich duftende Rinde	anspruchslos
	Geißblatt	*Lonicera peryclenemum*	5-6 m	fruchtiger Duft im Juni	anspruchslos
	Geißblatt	*Lonicera peryclenemum „Graham Thomas"*	5 m	intensive Blüte	wertvoller Herbstblüher
	Hasel	*Corylus avellana*	bis 6 m		Vogelnährgehölz
	Holunder	*Sambucus nigra*	bis 6 m	süßlicher Juniduft	Vogelnährgehölz
	Hundsrose	*Rosa canina*	2-3 m		Vogelnährgehölz
	Rasenschmiele	*Deschampsia caespitosa*	1-1,5 m	überhängende Halme, gut zu tasten	schattenverträglich
	Pfeifengras	*Molinia caerulea*	0,6 m-0,8 m	weiches, angenehmes Tasten	Halbschatten
	Bambus	*Fargesia murielae „Jumbo"*	2-3 m	Tasten, Rascheln	horstbildend
	Bambus	*Fargesia murielae „Kranich"*	3 m	Tasten, Rascheln	horstbildend
	Hopfen	*Humulus lupulus*	bis 5 m	gute Tastqualität, Blütenstände riechen	zweihäusig

Name	bot. Name	Höhe	Aspekt	Eigenschaften
Pfeifenwinde	*Aristolochia littoralis*	bis 8 m	große Blätter	dichter Wuchs, schattig
Rippenfarn	*Matteuccia struthiopteris*	bis 0,9 m	sehr schönes Tasten	samt sich aus
Geißbart	*Aruncus dioicus*	1-1,8 m	würziger Duft Juni-Juli	dominant
Königsfarn	*Osmunda regalis*	bis 1,5 m	stattliche Gestalt	frischer u. feuchter Standort
Silberkerze	*Cimicifuga simplex*	bis 1,5 m	schwerer Duft im Oktober	langlebig
Waldmarbel	*Luzula sylvatica*	bis 0,3 m	scharfkantig, an der Grenze	anspruchslos
Jakobsleiter	*Polemonium caerulum*	bis 0,8 m	frischer Duft	nicht sehr langlebig
Morgensternsegge	*Carex grayii*	0,5-0,7 m	dekorative Früchte	breite Standort-amplitude
Salomonsiegel	*Polygonatum odoratum*	0,4 m	Duft April-Mai	schwach giftig
Wurmfarn	*Dryopteris filix-mas*	1 m	trichterförmig	anspruchslos
Schaublatt	*Rodgersia tabularis*	bis 1,2 m	große, gefaltete Blätter	windgeschützter Standort
Dickmännchen	*Pachysandra terminalis*	bis 0,3 m	fleischiges Blatt, Duft April-Mai	anspruchslos, Unterpflanzung
China-Anemone	*Anemone hupehensis*	bis 0,8 m	Blatt und Duft	später Austrieb
Frauenmantel	*Alchemilla mollis*	bis 0,4 m	gefaltetes Blatt mit Guttations-tropfen	anspruchslos
Schildblatt	*Peltiphyllum peltatum*	0,6 m	Frühjahr bizarr, schönes Blatt, bis 0,4 m Durchmesser	frisch bis feucht
Randbereiche Kuchenbaum	*Ceridephyllum japonicum*	bis 12 m	bei Laubfärbung intensiver Zimt-Karamelgeruch	geschützter Standort
Walnuss	*Juglans regia*	bis 18 m	schwerer Duft, Früchte	vertreibt Mücken

Name	bot. Name	Höhe	Aspekt	Eigenschaften
Gartenflieder	*Syringa-Hybriden*	bis 6 m	schwerer Maiduft	
Gewürzstrauch	*Calycanthus floridus*	bis 2,5 m	alles duftet: Blüte, Blatt, Rinde	geschützter Standort
Blauregen	*Wisteria sinensis*	bis 10 m	Blütenfülle und Duft im Mai	starker Schlinger
Scheineller	*Clethra alnifolia*	2,5 m	süßlicher Duft Juni-August	standorttolerant
Schönfrucht	*Callicarpa bodinieri*	bis 3 m	Früchte im Winter	geschützter Standort
Herbstzaubernuss	*Hamamelis virginiana*	bis 4 m	intensiver Duft Oktober-November	saurer Boden, nicht zu trocken
Flieder	*Syringa swegiflexa*	4 m	starker Juniduft	nicht zu trocken
Strauchhortensie	*Hydrangea paniculata „Kyushu"*	1-1,5 m	intensiver Duft im August	saurer Boden
Schmetterlings-blume	*Buddleja davidii*	bis 3 m	starker Duft, Schmetterlings-magnet	friert zurück, treibt wieder durch
Großblumiger Duftschneeball	*Viburnum carclephalum*	2,5-3 m	bester Maiduft	wertvollster Schneeball, anpassungsfähig
Schneeball	*Viburnum x bodnadense „Dawn"*	2,5-3 m	wertvoller Vor-frühlingsblüher, Duft November-März	nicht zu trocken
Pimpernuss	*Staphylea colchica*	bis 4 m	süßer Maiduft, Früchte klappern im Wind	schatten-verträglich, aber wärmeliebend
Heiligenkraut	*Santolina chamaecyparissus*	bis 0,5 m	Blatt duftet	Hecken, Einfassun-gen, Flächen; Sonne; mager
Katzenminze	Nepeta faassenii	bis 0,8 m	intensiver Duft, finden Katzen übrigens auch	Flächen, anspruchslos
Lavendel	*Lavandula angustifolia*	bis 0,5 m	Duft ab Hochsommer	Flächen, anspruchslos
Silberimmortelle	*Anaphilis triplinervis*	bis 0,2 m	behaarte Blätter, Duft Juni-August	anspruchslos

	Name	bot. Name	Höhe	Aspekt	Eigenschaften
Wasserbecken	Wasserfeder	*Hottonia palustris*	0,2-0,3 m	duftende Blüten-stiele Mai-Juni	stilles Wasser, auch Schatten
	Wasserminze	*Mentha aquatica*	0,1-0,3 m	scharfer Duft	Wassertiefe kompatibel
	Molchschwanz	*Saururus cernus*	0,6-0,8 m	duftende Ähren Juli-August, gute Tastqualität	Wasserrand
	Wasserähre	*Aponogeton dystachyos*	0,2 m	Tastqualität, Vanilleduft, ganzer Sommer	Sämlinge können lästig werden
	Seerose	*Nymphea odorata*	0,1 m	Duft den ganzen Sommer	Sorten für kleine Bereiche hier empfehlenswert
Am Wasserbecken	Mandelrebe	*Clematis armandii*	bis 6 m	Mandelduft April-Mai	Sonne, vor kalten Winden schützen
	Pflaumeniris	*Iris graminea*	bis 0,4 m	Pflaumenduft im Mai	
	Zitronentaglilie	*Hemerocallis citrina*	1 m	Zitronenduft Juli-August, Laub gut zu fühlen	braucht Zeit zum Etablieren
	Taglilie	*Hemerocallis flava odoratum*	1 m	Zitronenduft Mai-Juni, Laub gut zu fühlen	
Westhochbeet 1	wilder Majoran	*Oreganum vulgare*	0,25 m	Balsamduft	
	Zitronenthymian	*Thymus x citriodorus*	0,25-0,3 m	was wohl: Zitrone	
	Minze „Eau de Cologne"	*Mentha x piperita var. citrata*	0,4-0,8 m	intensiver Geruch	Grundlage für Mint-Julep-Cocktail
	Minze „Lemonmint"	*Mentha x piperita var. citrata*	0,4-0,8 m	Zitronengeruch	
	Rundblättrige Minze	*Mentha rotundifolia*	0,6 m	angenehmer Duft	
	Salbei	*Salvia officinalis*	0,4 m	Duft und Blatt	
	Steinquendel	*Calamintha grandiflora*	0,45 m	Salbeigeruch	
Westhochbeet 2	Zwergbalsamtanne	*Abies balsamea „Nana"*	bis 0,8 m	Tastqualität	

Name	bot. Name	Höhe	Aspekt	Eigenschaften
Zwergzypresse	*Chamaecyparis pisifera „Nana"*	bis 2 m	Tastqualität	
Zwergmuschel-zypresse	*Chamaecyparis obtusa „Nana gracilis"*	bis 1,5 m	Tastqualität	
Zwergtränenkiefer	*Pinus wallichiana „Nana"*	bis 1,5 m	Tastqualität	

Westhochbeet 3

Name	bot. Name	Höhe	Aspekt	Eigenschaften
Melisse	*Melissa officinalis*	0,9 m	Zitronenduft, haarige Blätter	samt sich schnell aus, wird dann lästig
Currystrauch	*Helichrysum angustifolia*	bis 0,8 m	Blätter duften intensiv nach Curry	
Eberraute	*Artemisia abrotanum*	0,4-1 m	intensiver Duft, gute Tastqualität	
Wermut	*Artemisia absynthium „Lambrook Silver"*	0,6-0,9 m	sehr intensiver Duft	immergrün
Ysop	*Hyssopus officinalis*	0,6 m	angenehmer Blattduft, Bienenweide	immergrün

Osthochbeet 1

Name	bot. Name	Höhe	Aspekt	Eigenschaften
Steinbrech	*Saxifraga longifolia*	bis 0,1 m	Rosettenblätter	
Fetthenne	*Sedum telephinum*	bis 0,5 m		
Walzenwolfsmilch	*Euphorbia myrsinites*	bis 0,2 m	schindelartige Blätter, Früchte kugelig	
Bergenie	*Bergenia cordifolia*	0,4 m	ledrige Blätter	

Osthochbeet 2

Name	bot. Name	Höhe	Aspekt	Eigenschaften
Nachtkerze	*Oenothera missourensis*	0,2 m	intensiver Abend-duft	
Nachtviole	*Hesperis matronalis*	0,5-0,7 m	Veilchenduft	
Polsterphlox	*Phlox subulata*	0,2 m		
Alpenmohn	*Papaver alpinum*	0,2 m	Moschusduft	
Bartnelke	*Dianthus barbatus*	0,6 m	Nelkenduft	

	Name	bot. Name	Höhe	Aspekt	Eigenschaften
Osthochbeet 3	Mauerpfeffer	*Sedum acre*	bis 0,1 m	Tastqualität	
	Sternmoos	*Sagina sabulata*	bis 0,1 m	Tastqualität	
	Spinnwurz	*Sempervivum archanoidum*	0,1 m	Tastqualität	
	Laugenblume	*Cotula squalida*	0,1 m	Tastqualität	
	Silberkamille	*Anthemis biebersteinia*	0,1 m	Tastqualität	
Osthochbeet 4	Aurikel	*Primula auricula*	bis 0,25 m	zarter Duft	
	Himalaya-Primel	*Primula florindae*	bis 0,3 m	starker Zitronenduft	
	Pfennigkraut	*Lysimachia nummularia*	0,15 m	zarter Duft	feuchterer Standort
	Mädesüß	*Filipendula ulmaria*	1-1,5 m	intensiver Honigduft	
	Prachtnelke	*Dianthus superbus*	0,3 m	intensive Nelke	
Osthochbeet 5	Lungenkraut	*Pulmonaria angustifolia*	0,3 m	Tastqualität	
	Eisenkraut	*Verbena rigida*	0,3 m	Tastqualität	
	Habichtskraut	*Hieracium villosum*	bis 0,5 m	Tastqualität	
	Schaumblüte	*Tiarella cordifolia*	bis 0,3 m	Tastqualität	
	Narzissenanemone	*Anemone narcissiflora*	bis 0,4 m	Tastqualität, zarter Duft Mai-Juli	
Osthochbeet 6	Funkie „Honey bells"	*Hosta plantaginea*	0,3-0,7 m	Tastqualität, verschwenderischer Duft	
	Tellima	*Tellima grandiflora*	bis 0,6 m	süßer Duft	
	Schattenblume	*Smilacena racemosa*	bis 0,9 m	Zitronenduft	
	Schellenblume	*Adenophora lillifolia*	bis 0,5 m	fruchtiger Duft Juli-August	fleischige Wurzeln, verträgt keine Störung
	Staudenclematis	*Clematis hieracleifolia*	bis 1 m	Spätsommerblüher	

Literaturnachweis

Bachelard, Gaston: Poetik des Raumes. München 1975.

Baier, Franz-Xaver: Architektur als Pornographie. Überlegungen zu einer Architektur des „Innen". Daidalos, München 34/1990.

Baier, Franz-Xaver: Der Raum. Verlag der Buchhandlung Walther König, Köln 1996.

Bergmann, Thomas: Unsere Finger sehen Blinde Kinder erzählen. Kinderbuchverlag, Luzern 1983.

Bollnow, Otto Friedrich: Mensch und Raum. Stuttgart 1963/71.

Braun, Thomas: Design für Blinde - Luxus oder Notwendigkeit? Zur Problematik der Hilfsmittelgestaltung für Sehgeschädigte. Examensarbeit RBS Kurs VI., Marburg

Bunck, Dietrich: Veränderte Erscheinungsformen bei Taubblinden

Csikszentmihalyi/Rochberg-Halton: Der Sinn der Dinge. Das Selbst + die Symbole des Wohnber.

Deutscher Blinden- und Sehbehindertenverband e. V. (Hrsg.):
Die Gegenwart 3/2001. Bonn 2001.

Deutscher Blinden- und Sehbehindertenverband e. V. (Hrsg.):
Die Gegenwart 1/2003. Bonn 2003.

Diarra, Abdramane: Blinde in der sehenden Gesellschaft und die daraus entstehenden Schwierigkeiten im wechselseitigen Umgang miteinander. Aachen 1996.

Fauth, Wilfried: Bedeutung von Duft- und Geruchserlebnissen für Blinde und Mehrfachbehinderte

Francesca, G./Spellmeier, C.: Aspekte der sozialen Rehabilitation altersblinder und sehbehinderter Menschen in Deutschland. Kassel 1995.

Gräflich, Carola: Sinnhafte Architektur. GhK 1982.

Henz, Anke: Blindengärten für Alle. Gärten zur Aktivierung außeroptischer Sinneswahrnehmungen unter besonderer Berücksichtigung Blinder; Diplomarbeit am Institut für Grünplanung und Gartenarchitektur der Universität Hannover 1979.

Herbrecher, Erich: Farben in meiner Erinnerung Deutscher Blindenverband e. V.: Jahrbuch 1998.

Hiss, Tony: Ortsbesichtigung. WIe Räume den Menschen prägen und warum wir unsere Stadt- und Landschaftsplanung ändern müssen. Kabel, Hamburg 1992.

Hoffmann-Axthelm, Dieter: SinnesArbeit. Campus-Verlag Frankfurt a. M. 1984.

Holzkamp, Klaus: Sinnliche Erkenntnis Historischer Ursprung und gesellschaftliche Funktion der Wahrnehmung. Königstein/Taunus 4. Aufl. 1978.

Hugo Kükelhaus Gesellschaft: Bauen für die Sinne. Hugo-Kükelhaus-Gesellschaft, Soest 1998.

H. Kükelhaus/R. zur Lippe: Entfaltung der Sinne. Ein „Erfahrungsfeld" zur Bewegung und Besinnung. Fischer, Frankfurt a. M. 1997.

Janich, Peter: Visuelle und taktile Wahrnehmung in der Naturerkenntnis

Keller, Helen: Mein Weg aus dem Dunkel. Blind und gehörlos- das Leben einer mutigen Frau, die ihre Behinderung besiegte. München 1997.

Kreiser, C.: Über den Verlust des (dunklen) Innenraumes. Daidalos, München 34/1990.

Leitner, Bernhard: Tonräume. Daidalos, München 45/1992.

Leitner/Conrads: Der hörbare Raum. Daidalos, München 17/1985.

Lusseyran, Jacques: Ein neues Sehen der Welt. Verlag Freies Geistesleben, Stuttgart 1970.

Kemper, Reinhild: Sensorik und Motorik. Experimentelle Untersuchungen zur akustischen Raumorientierung und Gesamtkörperkoordination mit Blinden und blindübend Sehenden. Köln 1993.

Mehrabian, Albert: Räume des Alltags oder wie Umwelt unser Verhalten bestimmt. Frankfurt a. M. 1978.

Mertens, Claudia: Ich höre die Welt. Deutscher Blinden- und Sehbehindertenverband, Jahrbuch 2000.

Mühleis, Volkmar: Mit den Händen sehen - Blinde Künstler und der Tastsinn. Skript einer Hörfunksendung des Deutschlandfunks vom 27.Juli 2000.

Nicolai, Thomas: Der Duft ist die Farbe. Deutscher Blinden- und Sehbehindertenverband, Jahrbuch 1999.

Pütz, Gabriele: Schönheit - Sinn ohne Verstand. Zur Bedeutung des Ästhetischen in der Landschaftsarchitektur: Kritik aktueller Diskussionen über Freiraumgestaltung.

U. Eisel/L. Trepl (Hrsg.): Beiträge zur Kulturgeschichte der Natur. Berlin 1995.

Reinecke, Hans-Peter: Gewachsene Räume: Spielräume. Daidalos, München 17/1985.

Saerberg, Siegfried-H. X.: Blinde auf Reisen. Köln 1990.

Schäfer, Matthias: Wenn die Sehkraft im Alter nachlässt. Deutscher Blinden- und Sehbehindertenverband, Jahrbuch 2000.

Schäfer, Matthias: Umgang mit SeniorInnen mit schweren Sehbeeinträchtigungen. Pflege aktuell 3/97.

C. Seebauer/U. Züge: Barrierefreies Planen und Bauen für Sehgeschädigte. Integratives Planungskonzept für öffentliche Räume. Diplomarbeit an der FH Weihenstephan Fachbereich Landespflege 1994.

A. Schlephorst/K. Stahl: Raumerfahrung bei blinden Menschen. Hauptdiplomprüfung Allgemeine Gebäudekunde.

Spitzer, K./Lange, M.: Tasten und Gestalten. Kunst und Kunstunterricht bei Blinden, Waldkirch 1996.

Taubblindendienst e.V.(Hrsg.): Duftpflanzen im Blindengarten, Radeberg.

Thomsen/Krewani/ Winkler: Der Walkman-Effekt, Daidalos 34/1990. Verein Blindengarten Bremen e. V. (Hrsg.): Blindengarten Bremen.

Werner, F.: Orte körperlicher Empfindung: Über Pinós uns Miralles. Daidalos, München 17/1985.

Bildverzeichnis

In diesem Verzeichnis finden sich Bilder und Fotos fremder Urheber. Die selbst erstellten Bilder werden nicht gesondert aufgeführt.

S. 18: Diabetische Retinopathie; aus: Hollwich, Fritz : Augenheilkunde, Stuttgart 1988, S. 39.

S. 18: Gesichtsfeldausfälle; aus: Sachsenweger, Dr. med. Matthias : Der Graue und der Grüne Star, Berlin 1996, S. 34.

S. 20: Linsentrübung als Rötelfolgeschaden; aus: Hollwich, Fritz: Augenheilkunde, Stuttgart 1988, S. 69.

S. 30: Blinde können bloß nicht sehen. aus: Aktion Mensch (Hrsg.), Flugblatt,1998.

S. 33: blinde Skater aus: www.wheel-it.de 2001.

S. 36: aus: Die Gegenwart 1/2003, Deutscher Blinden- und Sehbehindertenverband, München 2003, S. 17.

S. 37: Orientierungs- und Mobilitätstraining; aus: www.anderssehen.at

S. 45: Hör- und Gleichgewichtsorgan des Menschen; aus: Mörike/Betz/Mergenthaler: Biologie des Menschen, Heidelberg 1989, Kap. 14/22, Bild 14/17.

S. 47: Wärme und Kälterezeptoren an der Hand; aus: Miram, Wolfgang: Informationsverarbeitung, Hannover 1978, S. 23.

S. 47: Lesen von Brailleschrift; aus: Gegenwart 3/2003, S.34.

S. 48: Füße als Wahrnehmungsorgan bei Albrecht Dürer; aus: arcus 16, Köln 1992, S. 58.

S. 49: Mönchsbildnis; aus: arcus 12, Köln 1990, S. 39.

S. 54: Prinzip von Reizschwellen; aus: Miram, Wolfgang: Informationsverarbeitung, Hannover 1978, S. 31.

S. 55: Schemaerkennung; aus: Miram, Wolfgang: Informationsverarbeitung, Hannover 1978, S. 47.

S. 59: Reizschema bei Descartes; aus: Daidalos 17, München 1985, S. 27.

S. 60: Wahrnehmungs- und Erkenntnismodell der frühen Neuzeit; aus: Daidalos 17, München 1985, S. 29.

S. 97: Homer; aus: Deutscher Blindenverband (Hrsg.): Enzyklopädie des Blindenwesens, C.F. Müller Verlag, München, S. 261.

S. 98: Blinde Musiker; aus:Enzyklopädie des Blindenwesens, Bonn, S. 46

S. 103: Lage in Leipzig; aus: Informationsbroschüre zum Blindenpark Leipzig, Blindenverband Leipzig.

S. 104: Blindenpark Leipzig; aus: Informationsbroschüre zum Blindenpark Leipzig, Blindenverband Leipzig.

S. 108: Klangrohr; aus: Graubner GmbH Spielgeräte zur Entfaltung der Sinne (Katalog).

Fachbereich Architektur, Stadtplanung, Landschaftsplanung - Infosystem Planung
Telefon: 0561 / 804-2016   Fax: 0561 / 804-2232   e-mail: info_isp@uni-kassel.de
Bezugsadresse: Universität Kassel, Fachbereich Architektur, Stadtplanung, Landschaftsplanung
Infosystem Planung, Henschelstraße 2, 34127 Kassel

Lieferbare Schriften

ARBEITSBERICHTE

A 06	Exemplarische Beschreibung eines "Stückes" Stadt	2,60
A 26	Veränderungen einer Siedlung	5,00
A 39	Bauinvestitionen und Planungspolitik	2,00
A 44	Neue Heimat und Film	1,50
A 56	Nie allein und barfuß	5,00
A 69	Umweltplanung mit Bild und Ton	2,00
A 70	Sozialpolitische Hoffnungen und die Logik des Marktes	7,80
A 77	Naturparke und Raumplanung	10,50
A 79	Durch den Berg und übers Tal	7,80
A 80	Die andere Gegenwart	10,50
A 81	99 Laubbäume im ehemaligen Botanischen Garten - Ein Gehölzführer	4,00
A 82	Stadtplanung und Stadterneuerung in der DDR	15,00
A 83	Atemwegserkrankungen und Luftbelastung in Kassel	5,50
A 85	Bürger, Bauer, Emanzipation	2,00
A 94	Gesund muß man schon sein - zum Schaffen	6,50
A 96	Kleinbauern zwischen Subsistenz und Marktwirtschaft	5,80
A 97	Brückenhof - Zusammenleben in einer Großsiedlung	9,50
A 99	Menderes Delta - Zustand und Gefährdung eines ostmediterranen Flußdeltas	10,50
A 101	Arten, Schutz und Landschaftsplanung - Naturschutz zwischen der Pflege attraktiver Arten und einer fundamentalen Gesellschaftskritik	10,50
A 102	Der Motor diktiert - Einblicke in die Zusammenhänge von Verkehr und Städtebau	7,80
A 103	Klangräume - Raumklänge	2,00
A 104	Doppelband: Grünlandgesellschaften als Indikator der Nutzungsintensität - Extensives und intensives Grünland	8,50
A 105	Soziale Ungleichheit und öffentliche Sozialisationspolitik	2,00
A 106	Bedürfnisse in der Planung der Städte	9,20
A 107	Mieterbeteiligung im Sozialen Wohnungsbau	17,00
A 108	Transitfrauen - durch Planung, Verwaltung, Forschung, Lehre	7,00
A 109	Der öffentliche Raum und seine Benutzung für Fußgänger	5,00
A 110	Radikale Parks brauchen radikale Freiflächen	6,80
A 111	Festsetzungen in Bebauungsplänen	6,80
A 112	Giftweiber	7,50
A 113	Ein-Sicht ist der erste Schritt	7,50
A 114	Weiß - Rein - Klar - Hygienevorstellungen des Neuen Bauens und ihre soziale Vermittlung durch die Frau	7,80
A 115	Nachhaltigkeit und Effizienz Aktuelle Beiträge zur Verkehrsplanung	7,80
A 116	Gewalt - ein Thema für die Stadt- und Landschaftsplanung?	6,50
A 117	Sind Baulandreserven Reserven?	11,50
A 118	Klima + Luft in der Planung	2,80
A 119	Gestapelte Fahrzeuge	10,50
A 120	Die ganze Siedlung	7,20
A 122	Transitorische Gärten	15,00
A 123	Konversion - Segen oder Fluch	7,80
A 125	Landschaftsökologischer Hochwasserschutz	6,50
A 126	Die öffentliche Toilette als Zivilisationsprodukt	6,80
A 127	Vom Discobus zum Nachtbus	7,80
A 129	GropiusStadt	6,80
A 130	Die Angst aus Räumen	7,80

A 131	Bioklimakarte Nordhessen	7,80
A 133	Die Novellierung des Baugesetzbuches	15,50
A 134	Mädchenbeteiligungsprojekte im öffentlichen Raum	6,50
A 135	Planerinnenreader 1998	15,50
A 136	Fluß und Wald - Zur Landschaftsgeschichte Niederaltaichs	9,80
A 137	Wohnungspolitik in der alten Frauenbewegung	18,50
	- Pflanzensortimente im Raum Kassel	4,10
A 139	Schutzkategorien im Naturschutzrecht	11,50
A 140	Konzepte für einen „urbanen" Städtebau	12,00
A 141	GEHEN - Ein Essay über ein leibliches Phänomen	8,20
A 142	Bilder für Brachen	15,50
A 143	Dorf und Landschaft 2000	8,20
A 144	Spurensuche - Frauen in der Disziplingeschichte der Freiraum- und Landschaftsplanung 1700 -1933	10,30
A 145	Stadt, Zuwanderung, Wohnen	15,60
A 146	Stadtluft macht frei - und unsicher	15,60
A 147	Zum Dilema einer querschnittsorientierten Fachplanung	17,00
A 148	Revitalisierung von Kasseler Industriebrachen	
A 149	Frauen in der Geschichte der Gartenkultur	9,80
A 151	Natur- und Sozialverträglichkeit des Integrierten Obstbaus	21,50

SCHRIFTENREIHE

S 04	Heirate nie den Berg hinauf	5,00
S 05	Bauernland in Junkerhand	5,00
S 08	Über Planung 1984	2,00
S 10	0 m - Der Beginn der Landschaft	6,50
S 11	Die Fahrt nach Tahiti	6,50
S 12/13	Wirtschafts- und Sozialgeschichte der Stadt Kassel Bd I + II	15,50
S 15	Die verpaßte Stadt	6,50
S 16	Agrarfabriken oder bäuerliche Wirtschaftsweise	10,80
S 17	Stadt und Raum 1933-1949	10,30
S 18	Fremdenverkehr und regionale Entwicklung	11,30
S 20	Das Zebrastreifen	7,80
S 21	Klangwege	12,80
S 23	Verkehr und Modernisierung	12,80
S 24	Freiraumführer von Kassel Parks und Plätze	16,80
S 25	Freiraumqualität statt Abstandsgrün Band 1	12,50
S 26	Freiraumqualität statt Abstandsgrün Band 2	16,20

Auf diese Europreise werden noch Porto und Verpackung
sowie 7% Umsatzsteuer berechnet.